D1731283

Edward W. Said   Götter, die keine sind

Edward W. Said

Götter, die keine sind

Der Ort des Intellektuellen
Aus dem Englischen
von Peter Geble   Büchergilde Gutenberg

Für Ben Sonnenberg

Inhalt

Repräsentationen des Intellektuellen

HANDELT ES SICH bei den Intellektuellen um eine sehr große oder um eine kleine, ausgewählte Gruppe? Zwei der berühmtesten Beschreibungen von Intellektuellen aus dem 20. Jahrhundert widersprechen sich in diesem Punkt grundlegend. Antonio Gramsci, der italienische Marxist, Aktivist, Journalist und brillante politische Philosoph, der von Mussolini von 1926 bis 1937 eingekerkert wurde, schrieb in seinen *Gefängnistagebüchern*: »Alle Menschen sind Intellektuelle, könnte man [...] sagen: aber nicht alle Menschen haben in der Gesellschaft die Funktion von Intellektuellen.«[1]

Gramscis eigener Weg veranschaulicht die Rolle, die er dem Intellektuellen zuschrieb: Er war sowohl Organisator der italienischen Arbeiterbewegung als auch, in seiner journalistischen Arbeit, ein mit größter Bewußtheit reflektierender Gesellschaftsanalytiker, dem es nicht nur darum ging, eine soziale Bewegung ins Leben zu rufen, sondern auch eine mit dieser Bewegung verbundene umfassende kulturelle Bildung zu ermöglichen.

---

1 Antonio Gramsci, *Philosophie der Praxis*, Frankfurt a.M. 1964, S. 409.

9

Diejenigen, die in der Gesellschaft die Funktion von Intellektuellen ausüben, können, so versucht Gramsci zu zeigen, in zwei Typen unterteilt werden: zum einen in traditionelle Intellektuelle wie Lehrer, Priester und Beamte, die über Generationen hinweg derselben Tätigkeit nachgehen, und zum anderen in organische Intellektuelle, die in enger Verbindung mit Klassen oder Unternehmen stehen. Diese bedienen sich der Intellektuellen, um ihre Interessen zu verwalten, Macht zu gewinnen und Kontrolle auszuüben. Daher erklärt Gramsci in bezug auf den organischen Intellektuellen: »[...] der kapitalistische Unternehmer schafft neben sich den Industrietechniker, den Spezialisten für politische Ökonomie, die Organisatoren einer neuen Kultur, eines neuen Rechtssystems usw.«[1] Die heutigen Spezialisten für Werbung und Öffentlichkeitsarbeit, die Techniken erfinden, um einer Waschmittelmarke oder einer Fluggesellschaft einen größeren Marktanteil zu erobern, könnten laut Gramsci als organische Intellektuelle bezeichnet werden. Sie bemühen sich darum, in einer demokratischen Gesellschaft das Verhalten potentieller Verbraucherschichten zu dirigieren, ihre Zustimmung zu bekommen, Anerkennung zu gewinnen und die Meinung der Käufer- oder Wählergruppen zu beeinflussen. Gramsci glaubte, daß organische Intellektuelle aktiv auf die Gesellschaft einwirken, das heißt, daß sie ständig darum kämpfen, geistige Haltungen zu verändern und neue Märkte zu finden oder bestehende auszuweiten. Anders als Lehrer und Priester, die mehr oder weniger an einen festen Ort gebunden sind und Jahr für Jahr dieselbe Tätigkeit ausüben, sind organische Intellektuelle stets in Bewegung, ständig in Aktion.

Die Gegenposition dazu bildet Julien Bendas berühmte Definition der Intellektuellen als einer winzigen Gruppe hochbegabter und moralisch untadeliger Philosophenfürsten, die das Gewissen der Menschheit repräsentieren. Wenngleich Bendas

---

1   Ebd., S. 406.

Traktat *Der Verrat der Intellektuellen* im nachhinein wohl nicht zu Unrecht als scharfer Angriff auf jene Intellektuelle angesehen wurde, die ihre Berufung aufgegeben und ihre Grundsätze kompromittiert hatten, und weniger als systematische Analyse der intellektuellen Existenz, so führt er doch einige wenige Personen mitsamt ihren wichtigsten Charaktereigenschaften an, die er als wirkliche Intellektuelle erachtet. Sokrates und Jesus werden häufig erwähnt, aus späterer Zeit Spinoza, Voltaire und Ernest Renan. Wirkliche Intellektuelle bilden einen Klerus, darum können es nur sehr wenige sein, denn die ewigen Maßstäbe, die sie hochhalten, Wahrheit und Gerechtigkeit, sind nicht von dieser Welt. Daher erklärt sich Bendas religiöser Begriff für sie – Kleriker –, eine Distinktion in Status und Auftreten, den er stets den Laien gegenüberstellt, jenen gewöhnlichen menschlichen Wesen, die interessiert sind an materiellem Vorteil, persönlichem Fortkommen und, wenn irgend möglich, einer engen Beziehung zu weltlichen Mächten. Wirkliche Intellektuelle, so sagt er, sind »all jene, deren Aktivitäten schon vom Wesen her nicht auf praktische Ziele ausgerichtet sind; Menschen, die ihre Befriedigung in Kunst, Wissenschaft oder metaphysischer Spekulation, kurz, im Besitz immaterieller Güter suchen und damit zu sagen scheinen: ›Mein Reich ist nicht von dieser Welt‹«[1].

Bendas Beispiele machen jedoch deutlich, daß er nicht den unengagierten, weltabgewandten, im Elfenbeinturm lebenden Denker meint, der sich, völlig zurückgezogen, abwegigen, vielleicht sogar okkulten Themen widmet. Intellektuelle sind nur dann wirkliche Intellektuelle, wenn sie, angefeuert von metaphysischer Leidenschaft und den uneigennützigen Prinzipien der Wahrheit und der Gerechtigkeit, Korruption anprangern, sich für die Schwachen einsetzen und unzulänglicher oder repressiver Autorität die Gefolgschaft verweigern. Er fragt: »Muß

---

1 Julien Benda, *Der Verrat der Intellektuellen*, München 1978, S. 111.

ich an die scharfe Verurteilung der Kriege Ludwigs XIV. durch Fénelon oder Massillon erinnern? An die brandmarkenden Worte eines Voltaire nach der Verwüstung der Pfalz; an diejenigen Renans über die Gewalttaten Napoleons; an die eines Buckle zu Englands Unduldsamkeit gegenüber der französischen Revolution – ja, noch aus unseren Tagen, an Nietzsches Verdammung der brutalen deutschen Übergriffe gegen Frankreich?«[1] Das Problem bei vielen Intellektuellen heutzutage ist, daß sie, wie er kurz zuvor schreibt, ihre moralische Autorität für etwas hergegeben haben, was er die »Perfektionierung der politischen Leidenschaften«[2] nennt: für Sektierertum, Massenstimmungen, nationalistische Kriegsbegeisterung, Klasseninteressen. Benda schrieb dies 1927, lange vor dem Zeitalter der Massenmedien, und doch spürte er, wie wichtig Intellektuelle als Zuarbeiter für Regierungen sind, die nicht berufen werden, um zu führen, sondern um die Regierungspolitik abzusichern, deren Gegner zu diskreditieren und Euphemismen, ja ganze Systeme des Orwellschen Neusprech in Umlauf zu setzen, deren einziger Zweck darin liegt, die Wahrheit über das, was sich tatsächlich zuträgt, im Namen institutioneller »Zweckdienlichkeit« oder »nationaler Ehre« zu verschleiern.

Die Stärke von Bendas Klage über den Verrat der Intellektuellen liegt nicht in der Feinsinnigkeit seiner Argumentation noch in dem – unhaltbaren – Absolutheitsanspruch, mit dem er seine kompromißlose Auffassung des intellektuellen Mandats vertritt. Wirkliche Intellektuelle haben nach Bendas Definition das Risiko einzugehen, auf dem Scheiterhaufen zu enden, geächtet oder ans Kreuz geschlagen zu werden. Es sind symbolische Personen, die sich durch ihre unwiderrufliche Distanz zu praktischen Belangen auszeichnen. Als solche können es nicht viele sein, noch können sie sich wie jedermann ent-

---

1   Ebd., S. 117.
2   Ebd., S. 87–104.

wickelt haben. Sie müssen kompromißlose Individuen mit einer starken Persönlichkeit sein, und vor allem müssen sie sich in ständiger Opposition zum Status quo befinden. Aus all diesen Gründen sind Bendas Intellektuelle notwendigerweise eine kleine, deutlich herausragende Gruppe von Männern – von Frauen spricht er nie –, die mit Stentorstimmen der Menschheit die Leviten lesen. Benda macht nie auch nur eine Andeutung, wie diese Männer in den Besitz der Wahrheit gekommen sind oder ob ihr bestechendes Wissen über die Prinzipien der Ewigkeit nicht eher – wie bei Don Quichotte – in den Bereich privater Phantasiegebilde gehört.

Zweifellos hat, zumindest in meinen Augen, das allgemeine Bild eines wirklichen Intellektuellen, das Benda entworfen hat, nach wie vor eine unwiderstehliche Anziehungskraft. Viele seiner positiven wie negativen Beispiele überzeugen: etwa Voltaires öffentliche Verteidigung der Calas-Familie[1] oder – als Gegenbeispiel – der Nationalismus französischer Schriftsteller wie Maurice Barrès, auf dessen Konto – nach Benda – die im Namen der nationalen Ehre Frankreichs gepflegte »Romantik

---

1   1762 wurde ein protestantischer Händler, Jean Calas aus Toulouse, zum Tode verurteilt und hingerichtet. Ihm war vorgeworfen worden, seinen Sohn ermordet zu haben, weil dieser sich zum Katholizismus bekehrt hatte. Die Beweislage war dürftig; was dennoch zu dem raschen Urteil führte, war der verbreitete Glaube, daß Protestanten Fanatiker seien, die andere Protestanten, die zu konvertieren wünschen, kurzerhand umbringen. Voltaire leitete eine erfolgreiche Kampagne, um den Ruf der Calas-Familie wiederherzustellen (wenngleich wir heute wissen, daß er sich seine eigene Beweisführung allzusehr zurechtgelegt hat). Maurice Barrès war ein prominenter Gegner von Alfred Dreyfus. Als protofaschistischer und antiintellektueller französischer Schriftsteller des späten 19. und des frühen 20. Jahrhunderts verteidigte er einen Begriff des politischen Unbewußten, in dem ganze Rassen und Nationen ihre Vorstellungen und Bestrebungen kollektiv tradieren.

der Härte und der Verachtung«[1] geht. Benda wurde von der Dreyfus-Affäre und durch den Ersten Weltkrieg geistig geprägt, beides harte Prüfungen für Intellektuelle, die vor der Wahl standen, entweder mutig gegen einen von Militärs begangenen Akt antisemitischer Ungerechtigkeit zu streiten oder den fälschlich verurteilten jüdischen Offizier Alfred Dreyfus im Stich zu lassen und statt dessen mit der Masse chauvinistische Slogans zu skandieren und die Kriegsbegeisterung gegen alles Deutsche anzuheizen. Nach dem Zweiten Weltkrieg veröffentlichte Benda sein Buch ein zweites Mal, fügte bei dieser Gelegenheit jedoch eine Reihe von Angriffen gegen Intellektuelle hinzu, die entweder mit den Nazis kollaboriert oder sich allzu unkritisch für die Kommunisten ausgesprochen hatten.[2] Tief in der kämpferischen Rhetorik von Bendas im Grunde äußerst konservativem Werk verbirgt sich die Gestalt des Intellektuellen als eines abseits stehenden Wesens, dem es gegeben ist, der Macht die Wahrheit entgegenzuhalten, als eines schroffen, wortgewandten, unglaublich mutigen und aufgebrachten Individuums, dem keine auf der Macht des Wortes beruhende Autorität zu groß und übermächtig ist, um nicht in Frage gestellt und schärfstens kritisiert zu werden.

Gramscis soziale Analyse des Intellektuellen als einer Person, die eine ganze Skala von Funktionen in der Gesellschaft ausübt, ist weitaus wirklichkeitsnäher als alles, was uns Benda lehrt, insbesondere im späten 20. Jahrhundert, wo so viele neue Berufe – Rundfunk- und Fernsehleute, akademische Berufe, Computer-Spezialisten, Sport- und Medienanwälte, Unternehmensberater, Politikberater, Regierungsberater, Marktanalytiker und natürlich das ganze Feld des modernen Massenjournalismus – Gramscis Sicht bestätigt haben.

---

1 Benda, a.a.O., S. 180.
2 *Der Verrat der Intellektuellen* wurde 1946 bei Bernard Grasset neu herausgebracht.

Heute ist jeder, der in einem Bereich arbeitet, der entweder mit der Herstellung oder der Verteilung von Wissen zu tun hat, ein Intellektueller im Sinne Gramscis. In den hochindustrialisierten westlichen Gesellschaften hat sich das Verhältnis zwischen den sogenannten Wissensindustrien und jenen, die der aktuellen materiellen Produktion dienen, enorm zugunsten der Wissensindustrien verschoben. Der amerikanische Soziologe Alvin W. Gouldner bemerkte vor einigen Jahren über die Intellektuellen, daß sie die neue Klasse seien und daß intellektuelle Manager die alten vermögenden und besitzenden Klassen heute weitgehend ersetzt hätten. Gouldner fügte jedoch hinzu, daß zum Aufstieg der Intellektuellen auch gehöre, daß sie sich nicht länger an ein weitgestreutes Publikum wendeten, sondern Mitglieder dessen geworden seien, was er die Kultur des kritischen Diskurses nannte.[1] Jeder Intellektuelle, der Verleger und der Autor, der Militärstratege und der Anwalt für internationales Recht, handelt und spricht in einer Sprache, die von anderen Mitgliedern derselben Sphäre ausgebildet wurde und von ihnen verwendet wird, es sind spezialisierte Experten, die sich an andere spezialisierte Experten in einer Lingua franca wenden, die für nichtspezialisierte Laien weitgehend unverständlich ist.

In ähnlicher Weise hat der französische Philosoph Michel Foucault erklärt, daß an die Stelle des sogenannten universellen Intellektuellen (er hatte wahrscheinlich Jean-Paul Sartre vor Augen) der »spezifische Intellektuelle«[2] getreten sei, der zwar innerhalb eines Fachgebiets arbeitet, zugleich aber in der

---

1 Alvin W. Gouldner, *Die Intelligenz als neue Klasse. 16 Thesen zur Zukunft der Intellektuellen und der technischen Intelligenz*, Frankfurt a. M. 1980, S. 55–80.

2 »Wahrheit und Macht. Interview mit Michel Foucault von Alessandro Fontana und Pasquale Pasquino«, in: Michel Foucault, *Dispositive der Macht. Über Sexualität, Wissen und Wahrheit*, Berlin 1978, S. 21–54.

Lage ist, seinen Sachverstand auch anderweitig einzusetzen. Foucault dachte hierbei besonders an den amerikanischen Physiker Robert Oppenheimer, der sich weit außerhalb seines Spezialgebiets bewegte, als er in den Vereinigten Staaten zwischen 1942 und 1945 das Manhattan-Projekt, die Entwicklung der Atombombe, organisierte und später eine Art Regierungsbeauftragter für wissenschaftliche Angelegenheiten wurde.

Intellektuelle sind mittlerweile in derart vielen Bereichen anzutreffen, daß sie – womöglich infolge der richtungsweisenden Bemerkungen Gramscis in den *Gefängnistagebüchern*, die wohl zum ersten Mal Intellektuelle und nicht gesellschaftliche Klassen als zentral für das Funktionieren der modernen Gesellschaft thematisierten – selbst zum Untersuchungsgegenstand geworden sind. Man hänge nur ein »von« oder »und« an das Wort »Intellektuelle(n)«, und schon taucht eine ganze Bibliothek detaillierter Studien über Intellektuelle vor unseren Augen auf. Tausende von unterschiedlichen historischen und soziologischen Arbeiten über Intellektuelle sind erhältlich, zahllos Untersuchungen über Intellektuelle und Nationalismus, Intellektuelle und Macht, Intellektuelle und Tradition, Intellektuelle und Revolution usw. Jeder noch so abgelegene Landstrich dieser Welt hat seine Intellektuellen hervorgebracht, und über jeden einzelnen wird mit großer Leidenschaft diskutiert und gestritten. Es hat keine größere Revolution in der modernen Geschichte ohne Intellektuelle gegeben, wie es umgekehrt auch keine größere Konterrevolution ohne Intellektuelle gegeben hat. Intellektuelle sind die Väter und Mütter von Bewegungen gewesen und natürlich ihre Söhne und Töchter, ja sogar ihre Neffen und Nichten.

Es besteht die Gefahr, daß die Gestalt oder das Bild des Intellektuellen in einer Masse von Einzelheiten untergeht und der Intellektuelle lediglich ein weiterer Spezialist wird, eine Figur in einem gesellschaftlichen Trend. Meine Ausführungen nehmen die erstmals von Gramsci aufgezeigten Realitäten des späten 20. Jahrhunderts als gegeben an. Ich beharre freilich darauf, daß der Intellektuelle ein Individuum ist, der in der Gesellschaft eine spezifische öffentliche Rolle spielt und nicht einfach darauf reduziert werden kann, ein gesichtsloser Spezialist zu sein, ein einfaches, wenn auch tüchtiges Mitglied einer Klasse, das seinen Geschäften nachgeht. Der zentrale Punkt scheint mir zu sein, daß der Intellektuelle ein Individuum ist, das die Fähigkeit besitzt, eine Botschaft, eine Sicht, eine Haltung, Philosophie oder Meinung in der Öffentlichkeit zu repräsentieren, zu verkörpern und zu artikulieren. Diese Rolle ist klar umrissen und kann nicht ohne den Wunsch ausgeübt werden, jemand zu sein, dessen Aufgabe es ist, öffentlich unliebsame Fragen aufzuwerfen, Orthodoxie und Dogma zu bekämpfen (und nicht hervorzubringen), jemand zu sein, der nicht einfach von Regierungen oder Verbänden vereinnahmt werden kann und dessen Daseinszweck es ist, all jene Menschen und Themen zu vertreten, die üblicherweise vergessen oder an den Rand gedrängt werden. Der Intellektuelle handelt auf der Grundlage universeller Prinzipien, die besagen, daß, wo es um Freiheit und Gerechtigkeit geht, alle Menschen von den Weltmächten und Staaten akzeptable Verhaltensnormen erwarten dürfen und daß, wo diese Normen absichtlich oder unabsichtlich verletzt werden, diese Verletzungen bezeugt und mutig bekämpft werden müssen. Lassen Sie mich denselben Sachverhalt etwas persönlicher formulieren: Als Intellektueller trage ich meine Anliegen einer Zuhörer- oder Leserschaft vor, doch es geht nicht einfach darum, wie ich sie zum Ausdruck bringe, sondern auch darum, was ich selbst, als jemand, der sich für die Sache der Freiheit und Gerechtigkeit einsetzt, repräsentiere. Ich sage oder schreibe dies, weil es – nach reiflicher Überlegung – das ist, woran ich glaube, und weil ich außerdem andere von dieser Sicht überzeugen will. Daher kommt es zu dieser ziemlich komplizierten Vermengung zwischen privater und öffentlicher Sphäre – meine eigene Geschichte, meine Werte,

17

Schriften und Standpunkte, wie sie sich von meinen Erfahrungen ableiten lassen, einerseits und andererseits, wie diese dann in die soziale Welt eintreten, in der die Menschen über Krieg und Freiheit und Gerechtigkeit diskutieren und entscheiden. So etwas wie einen privaten Intellektuellen gibt es nicht; von dem Augenblick an, wo man etwas niederschreibt und veröffentlicht, tritt man an die Öffentlichkeit. Den nur öffentlichen Intellektuellen gibt es allerdings auch nicht, jemanden, der lediglich als Galionsfigur, Wortführer oder Symbol für eine Sache, Bewegung oder Position existiert. Es gibt immer den persönlichen Anteil, die private Sensibilität, und diese geben dem, was gesagt oder geschrieben wird, seine Bedeutung. Am allerwenigsten sollte ein Intellektueller sich dafür hergeben, seiner Zuhörerschaft Zufriedenheit zu vermitteln: der entscheidende Punkt ist, unbequem, widerborstig, ja lästig zu sein.

Was zählt, ist letztlich der Intellektuelle als repräsentative Gestalt – jemand, der sichtbar einen Standpunkt vertritt, jemand, der seinem Publikum gegenüber allen Widerständen zum Trotz bestimmte Vorstellungen zum Ausdruck bringt. Meine These lautet, daß Intellektuelle Individuen sind, denen die Kunst des Repräsentierens gegeben ist, sei es sprechend, schreibend, lehrend oder auf dem Bildschirm. Und diese Gabe ist insofern wichtig, als sie öffentlich wahrgenommen wird und sowohl Verbindlichkeit als auch Risikobereitschaft, Mut und Verletzlichkeit einschließt. Wenn ich Jean-Paul Sartre oder Bertrand Russell lese, so sind es ihre spezifische, individuelle Stimme und Präsenz, die mich beeindrucken, mehr und stärker als ihre Argumente, denn sie sprechen aus Überzeugung. Sie können nicht mit einem anonymen Funktionär oder einem vorsichtigen Bürokraten verwechselt werden.

In der Flut von Untersuchungen über Intellektuelle wurde ein viel zu großes Gewicht auf die Definition des Intellektuellen gelegt, während das Bild, die Signatur, die aktuellen Interventionen und Stellungnahmen, also alles, was zusammen erst den

Lebensnerv jedes wirklichen Intellektuellen ausmacht, meist unbeachtet blieb. Isaiah Berlin hat über die russischen Schriftsteller des 19. Jahrhunderts geschrieben, ihre Leserschaft sei, teilweise unter dem Einfluß der deutschen Romantik, darauf aufmerksam geworden, daß sie als Zeugen auf einer öffentlichen Bühne stünden.[1] Etwas von dieser Qualität haftet noch immer der öffentlichen Rolle des modernen Intellektuellen an, wie ich sie sehe. Deswegen rufen wir uns, wenn wir an einen Intellektuellen wie Sartre denken, die persönlichen Idiosynkrasien in Erinnerung, die Bedeutung des persönlichen Einsatzes, die schiere Anstrengung, das Risiko, die Willenskraft, über Kolonialismus, Engagement oder soziale Konflikte Stellungnahmen abzugeben, die seine Gegner in Rage versetzten, seine Freunde elektrisierten und die ihm vielleicht sogar selbst im nachhinein mißfielen. Wenn wir über Sartres Verhältnis zu Simone de Beauvoir lesen, seinen Streit mit Camus, seine bemerkenswerte Verbindung mit Jean Genet, stellen wir ihn (mit Sartres Worten) in seine Lebensumstände. In diesen Umständen und in einem gewissen Ausmaß wegen dieser Umstände war Sartre Sartre, das heißt derjenige, der im Fall Algeriens und Vietnams gegen Frankreich Stellung bezog. Weit davon entfernt, ihn als Intellektuellen herabzusetzen oder zu disqualifizieren, geben diese Verstrickungen dem, was er sagt, Textur und Spannung, zeigen ihn als fehlbares menschliches Wesen, nicht als trockenen und moralisierenden Prediger.

Betrachten wir das öffentliche Leben von heute als Roman oder Drama, nicht als Geschäft oder Rohmaterial für eine soziologische Monographie, so verstehen wir schnell, was gemeint ist, wenn wir sagen, Intellektuelle seien repräsentativ. Das gilt auch und gerade dann, wenn sie keine unterschwelligen oder auch weithin sichtbaren sozialen Bewegungen repräsentieren, sondern nur einen höchst eigentümlichen, vielleicht

---

1   Vgl. Isaiah Berlin, *Russische Denker*, Frankfurt a.M. 1981, S. 183.

sogar abweisenden Lebensstil und ein soziales Verhalten, das sie mit niemandem teilen. Und wo wäre diese Rolle besser beschrieben als in einigen außergewöhnlichen Romanen des 19. und frühen 20. Jahrhunderts – Turgenjews *Väter und Söhne,* Flauberts *Lehrjahre des Herzens,* Joyces *Stephen der Held. Ein Porträt des Künstlers als junger Mann –,* in denen die Darstellung der sozialen Wirklichkeit durch das plötzliche Auftreten eines neuen Akteurs, des modernen jungen Intellektuellen, zutiefst beeinflußt, ja sogar entscheidend verändert wird.

Turgenjews Porträt der russischen Provinz um 1860 ist idyllisch und ereignislos: vermögende junge Männer übernehmen die Lebensgewohnheiten ihrer Eltern, sie heiraten und bekommen Kinder, und das Leben geht mehr oder weniger seinen Gang. Dies währt so lange, bis eine anarchische und doch höchst konzentrierte Figur, Basarow, in ihr Leben einbricht. Als erstes fällt uns an ihm auf, daß er seine Verbindungen zu seinen Eltern abgebrochen hat. Er scheint weniger ein Sohn als ein selbstgeschaffener Charakter zu sein, der allem Gewohnten den Kampf ansagt, Mittelmaß und Klischees angreift und neue wissenschaftliche und unsentimentale Werte vertritt, die rational und fortschrittlich sein sollen. Turgenjew erklärte, daß er es vermeiden wollte, Basarow in Sirup zu tauchen, er sollte »grob, herzlos, rücksichtslos, trocken und brüsk« sein. Basarow überhäuft die Kirsanows mit seinem Spott; wenn Vater Kirsanow, noch kein alter Mann, Schubert spielt, bricht Basarow in schallendes Gelächter aus. Basarow propagiert die Ideen der aus Deutschland kommenden materialistischen Naturwissenschaft; Natur ist für ihn kein Tempel, sondern eine Werkstatt. Als er sich in Anna Sergejewna verliebt, fühlt sie sich von ihm angezogen und ist zugleich erschrocken: seine ungebundene, oft anarchische intellektuelle Kraft gemahnt sie an das Chaos. Mit ihm zusammen zu sein, sagt sie an einer Stelle, sei wie sich am Rande eines Abgrunds zu bewegen.

Die Schönheit und das Pathos des Romans sind darin begründet, daß Turgenjew die Unvereinbarkeit zwischen einem von Familien regierten Rußland, der Beständigkeit der Liebe und der Zuneigung zwischen Eltern und Kindern, der alten, natürlichen Art, die Dinge zu tun, und der nihilistisch zertrümmernden Kraft eines Basarow vor Augen führt, dessen Geschichte, anders als bei jedem anderen Charakter des Romans, sich offensichtlich nicht erzählen läßt. Er tritt auf, er fordert heraus, und ebenso abrupt stirbt er, infiziert von einem kranken Bauern, mit dem er Umgang pflegte. Was wir von Basarow im Gedächtnis behalten, ist die schiere, nicht nachlassende Kraft seines hinterfragenden und zutiefst auf Konfrontation ausgerichteten Intellekts. Und obwohl Turgenjew die Überzeugung vertrat, es sei der sympathischste Charakter des ganzen Romans, war er doch von Basarows rücksichtsloser intellektueller Kraft nicht weniger irritiert und in einem gewissen Ausmaß sogar gehemmt als von den erstaunlich turbulenten Reaktionen seiner Leser. Manche dachten, Basarow stelle einen Angriff auf die Jugend dar, andere lobten den Charakter als wahren Helden, und wieder andere hielten ihn für gefährlich. Welche Gefühle auch immer diese Figur bei uns auslöst, erzählerisch ist es nicht gelungen, Basarow als Charakter einzubinden. Wo seine Freunde, die Kirsanows, und sogar seine betagten pathetischen Eltern unbeirrt ihr Leben leben, fällt er durch seine Unbedingtheit und seinen intellektuellen Trotz aus der Geschichte heraus: als Fremdkörper, der sich für ein domestiziertes Leben nicht eignet.

Noch deutlicher tritt uns dies bei Joyces jungem Stephen Dedalus entgegen, dessen gesamter früher Werdegang in einem beständigen Hin und Her zwischen den Verlockungen der Kirche, dem Lehrberuf, dem irischen Nationalismus und seiner langsam sich entwickelnden, eigensinnigen Individualität als Intellektueller besteht, dessen Leitsatz das luziferische *non serviam* ist. Seamus Deane betont im Zusammenhang mit Joyces *Porträt des Künstlers*, es sei »der erste Roman in englischer Sprache, in dem die Leidenschaft für das Denken ihre gültige Darstellung gefunden hat«[1]. Weder bei Dickens noch bei Thackeray, noch bei Jane Austen, noch bei Thomas Hardy, nicht einmal bei George Eliot seien die Hauptfiguren junge Männer und Frauen, deren Hauptanliegen das geistige Leben in der Gesellschaft ist, wogegen für den jungen Dedalus »Denken eine Form ist, die Welt zu erfahren«. Deane trifft es ziemlich genau, wenn er sagt, daß vor Dedalus die intellektuelle Berufung in der englischen Literatur nur »groteske Verkörperungen« kannte. Stephen muß jedoch – zum Teil, weil er ein junger Mann aus der Provinz ist, das Produkt einer kolonialen Umgebung – erst ein widerständiges intellektuelles Bewußtsein entwickeln, bevor er Künstler werden kann.

Am Ende des Romans ist er seiner Familie und den Fenians gegenüber nicht weniger kritisch und auf Abstand bedacht als jedem ideologischen Schema gegenüber, das seine Individualität und seine häufig ziemlich unangenehme Persönlichkeit einschränken würde. Wie Turgenjew zeigt Joyce mit großer Deutlichkeit die Unvereinbarkeit zwischen dem jungen Intellektuellen und der Gleichförmigkeit des menschlichen Lebens. Was als konventionelle Geschichte eines jungen Mannes beginnt, der in einer Familie aufwächst, dann in die Schule und auf die Universität geht, zerfällt am Ende in eine Reihe von elliptischen Notizen aus Stephens Notizbuch. Der Intellektuelle wird sich an das domestizierte Leben und dessen langweiligen Alltag nicht anpassen. In der wohl bekanntesten Rede des Romans macht Stephen deutlich, worin der Glaube des Intellektuellen an die Freiheit tatsächlich besteht, wenngleich Joyce dabei zum Mittel der melodramatischen Übertreibung greift, um die Großspurigkeit des jungen Mannes zu unterlaufen: »Ich will dir sagen, was ich tun und was ich nicht tun will. Ich will

---

1 Seamus Deane, *Celtic Revivals – Essays in Modern Irish Literature 1880–1980*, London 1985, S. 75 f.

nicht dem dienen, an das ich nicht länger glaube, ob es sich mein Zuhause nennt, mein Vaterland oder meine Kirche: und ich will versuchen, mich in irgendeiner Art Leben oder Kunst so frei auszudrücken wie ich kann, und so vollständig wie ich kann, und zu meiner Verteidigung nur die Waffen benutzen, die ich mir selbst gestatte – Schweigen, Verbannung und List.«[1]

Nicht einmal im *Ulysses* sehen wir in Stephen mehr als einen eigensinnigen und widerspenstigen jungen Mann. Was an seinem Credo am meisten auffällt, ist seine Bejahung der intellektuellen Freiheit. Dies ist ein entscheidender Punkt der intellektuellen Auseinandersetzung, da es kaum ausreicht, den Nörgler oder konsequenten Spielverderber zu mimen. Die Tätigkeit des Intellektuellen hat zum Ziel, menschliche Freiheit und Wissen zu befördern. Daran hat sich, so meine ich, bis heute nichts geändert, trotz der häufig wiederholten Behauptung, die »großen Erzählungen von Emanzipation und Aufklärung«, wie der zeitgenössische französische Philosoph François Lyotard diese mit der »Moderne« verbundenen heroischen Ambitionen nennt, seien in der Ära der Postmoderne an ihr Ende gekommen. Dieser Ansicht nach wären die großen Erzählungen durch lokal begrenzte Situationen und Sprachspiele ersetzt worden; postmoderne Intellektuelle sprechen sich heute für Kompetenz aus und nicht länger für universelle Werte wie Wahrheit oder Freiheit. Ich hatte freilich von Anfang an den Eindruck, Lyotard und seine Anhänger bekundeten mit dieser Position weit mehr ihr eigenes träges Unvermögen, vielleicht sogar ihre Gleichgültigkeit, als daß sie ein zutreffendes Urteil darüber abgäben, welche – zahllosen – Möglichkeiten dem Intellektuellen trotz der Postmoderne noch verbleiben. Tatsächlich greifen Regierungen immer noch ganz offen zu Unterdrückungsmaßnahmen, immer noch unterlaufen schwerwie-

---

1 James Joyce, *Ein Porträt des Künstlers als junger Mann*, Frankfurt a. M. 1972, S. 526.

gende Justizirrtümer, immer noch werden Intellektuelle durch Verführung und Vereinnahmung erfolgreich zum Schweigen gebracht, und immer noch passiert es nicht selten, daß Intellektuelle ihre Berufung verraten.

Kein anderer Autor hat eine so große Enttäuschung über und, daraus folgend, eine so scharfe Kritik an den Intellektuellen zum Ausdruck gebracht wie Flaubert in seinen *Lehrjahren des Herzens*. Der Roman spielt in den Revolutionswirren von 1848 bis 1851, einer Periode, die von dem berühmten britischen Historiker Lewis Namier als die Revolution der Intellektuellen beschrieben worden ist, und bietet ein umfassendes Panorama des künstlerischen und politischen Lebens in der »Hauptstadt des 19. Jahrhunderts«. Im Mittelpunkt stehen zwei junge Männer aus der Provinz, Frédéric Moreau und Charles Deslauriers, an deren »Heldentaten« sich Flauberts Wut über ihre Unfähigkeit entzündet, als Intellektuelle Geradlinigkeit zu beweisen. Ein Großteil der Verachtung Flauberts rührt aus seiner vielleicht übertriebenen Erwartung, was aus ihnen hätte werden können. Das Ergebnis ist eine der glänzendsten Darstellungen intellektueller Unschlüssigkeit. Die beiden jungen Männer beginnen als potentielle Rechtsgelehrte, Kritiker, Historiker, Essayisten, Philosophen und Gesellschaftstheoretiker, denen die allgemeine Wohlfahrt am Herzen liegt. Von Moreau heißt es jedoch zuletzt: »[…] sein geistiger Ehrgeiz hatte nachgelassen. Jahre verstrichen; und er ertrug die Untätigkeit seines Geistes, die Trägheit seines Herzens.«[1] Deslauriers wird »Leiter der Kolonisation in Algerien […], Sekretär eines Paschas, Direktor einer Zeitung, Annoncenmakler, und jetzt war er juristischer Vertreter einer Industriegesellschaft.«[2]

Die Niederlage von 1848 steht bei Flaubert für das Versagen seiner Generation. Prophetisch werden die Schicksale von Mo-

---

1 Gustave Flaubert, *Lehrjahre des Herzens*, Frankfurt a. M. 1977, S. 469f.
2 Ebd., S. 475.

reau und Deslauriers als Ergebnis ihrer eigenen Willensschwä-
che geschildert, als von der modernen Gesellschaft geforderter
Tribut, die mit ihren grenzenlosen Zerstreuungen, ihrer Flut
an Vergnügungen und vor allem mit dem Auftauchen des Journalismus, der Werbung, der Augenblicksberühmtheiten und
einer Sphäre ständiger Zirkulation, in der alle Ideen käuflich,
alle Werte austauschbar sind, jeden Beruf in eine Jagd nach
dem leichten Geld und dem schnellen Erfolg verwandelt. Es
hat deshalb symbolische Bedeutung, daß sich die wichtigsten
Szenen des Romans bei Pferderennen, Tanzbelustigungen in
Cafés und Bordellen, Tumulten, Aufmärschen, Paraden und
öffentlichen Versammlungen abspielen, wo Moreau unaufhör-
lich nach Liebe und intellektueller Erfüllung sucht, wo er aber
auch ständig abgelenkt wird.

Basarow, Dedalus und Moreau sind natürlich Extrem-
beispiele, sie dienen jedoch dem Zweck – was nur einige der
großen realistischen Romane des 19. Jahrhunderts auf so ein-
zigartige Weise zu leisten vermögen –, uns Intellektuelle als
Handelnde zu zeigen, mit all ihren Schwierigkeiten und Versuchungen, die ihrer Berufung entweder nachkommen oder sie
verraten. Diese Berufung ist nicht als eine bestimmte, ein für allemal gelernte Gebrauchsanweisung zu verstehen, sondern als
konkrete Erfahrung, die dem modernen Leben inhärent ist.
Die Vorstellungen des Intellektuellen, seine öffentlichen Äußerungen zu einem umstrittenen Sachverhalt oder einer Idee
sind nicht in erster Linie dazu da, das eigene Ich zu stärken
oder den Status zu verbessern. Auch ist es nicht ihr Haupt-
zweck, mächtige Bürokratien oder reiche Arbeitgeber zu stüt-
zen. Intellektuelle Vorstellungen offenbaren sich *im Handeln
selbst*, sind abhängig von einem Bewußtsein, das skeptisch,
engagiert und beharrlich dem rationalen Denken und der
moralischen Urteilsfindung dient; erst das macht das Individuum aufnahme- und reaktionsfähig. Das Vermögen, Sprache
geschickt zu verwenden, und das Wissen um den richtigen Zeit-

punkt der sprachlichen Intervention sind zwei wesentliche Bestandteile des intellektuellen Handelns.

Was aber repräsentiert der Intellektuelle heute? Eine der besten und ehrlichsten Antworten auf diese Frage stammt meines Erachtens von dem amerikanischen Soziologen C. Wright Mills, einem auf seine Unabhängigkeit stolzen Intellektuellen mit einer leidenschaftlichen Vision von Gesellschaft und einer bemerkenswerten Fähigkeit, seine Vorstellungen in einer unverstellten und faszinierenden Sprache mitzuteilen. Er schrieb 1944, unabhängige Intellektuelle seien angesichts ihrer Marginalität entweder mit einem verzweifelten Gefühl von Machtlosigkeit konfrontiert oder müßten sich nolens volens als Mitglieder einer relativ kleinen Insider-Gruppe Institutionen, Verbänden oder Regierungen anschließen, die selbstherrlich und skrupellos lebenswichtige Entscheidungen treffen. »Angeheuerter« Agent der Informationsindustrie zu werden sei freilich auch keine Lösung, da sich auf diese Weise niemals eine wirklich lebendige Beziehung zum Publikum herstellen ließe. Alles in allem gehe »die Bedeutung der wirklichen Kommunikation«, die das Lebenselixier des Intellektuellen darstelle, gegen Null, so daß dem unabhängigen Denker nur eine große Aufgabe bleibe. Mills formuliert sie folgendermaßen: »Der unabhängige Künstler und der Intellektuelle gehören zu den wenigen verbliebenen Persönlichkeiten, in deren Macht es steht, der Stereotypisierung und dem sich daraus ergebenden Absterben des eigentlich Lebendigen zu widerstehen und entgegenzuarbeiten. Eine unverbrauchte Wahrnehmung bringt die Fähigkeit mit sich, die Stereotypen des Sehens und Verstehens, mit denen uns die modernen Kommunikationsmittel [das heißt die modernen Repräsentationssysteme] überschwemmen, zu entlarven und zu zerstören. Massenkunst und Massendenken richten sich zunehmend an den Bedürfnissen der Politik aus. Daher muß sich die intellektuelle Solidarität und Anstrengung auf die Politik konzentrieren. Bezieht sich der Denker in der politischen Auseinandersetzung nicht selbst auf den Wert der Wahrheit, wird er dem Ganzen der menschlichen Erfahrung nicht gerecht werden können.«[1]

Dieser Abschnitt verdient es, wieder und wieder gelesen zu werden, so voller wichtiger Hinweise steckt er. Politik ist allenthalben; es gibt vor ihr kein Entrinnen in die Bereiche der reinen Kunst und des reinen Denkens, sowenig wie in das Gebiet der interesselosen Objektivität oder der transzendentalen Theorie. Intellektuelle gehören ihrer Zeit an; sie werden formiert durch eine Massenpolitik der Repräsentation, die in der Informations- und Medienindustrie ihre materielle Grundlage hat. Andererseits sind sie in der Lage, dieser Formierung bereits dadurch zu widerstehen, daß sie die Bilder, die offiziellen Verlautbarungen und Rechtfertigungen der Macht in Zweifel ziehen, die von den ständig mächtiger werdenden Medien – und nicht nur von den Medien, sondern auch von intellektuellen Modeströmungen, die den Status quo aufrechterhalten und die Dinge in einer akzeptablen und anerkannten Perspektive präsentieren – in Umlauf gebracht werden. Der Intellektuelle besitzt die Fähigkeit, das bereitzustellen, was Mills entlarvende oder alternative Versionen nennt, mit denen er dann, soweit es in seinen Möglichkeiten liegt, die Wahrheit zu sagen versucht. Das ist alles andere als eine einfach Aufgabe: Der Intellektuelle bewegt sich immer zwischen Einsamkeit und Anpassung. Wie schwierig war es nicht während des letzten Golfkriegs gegen den Irak, den amerikanischen Bürgern klarzumachen, daß die Vereinigten Staaten keine unschuldige oder neutrale Macht waren (die Invasionen in Vietnam und Panama wurden von den Politikern tunlichst übergangen) noch daß sie von irgend jemandem, außer von sich selbst, zum Weltpolizisten ernannt worden waren. Damals war es meines Erachtens die Aufgabe

---

1   C. Wright Mills, *Power, Politics, and People. The Collected Essays of C. Wright Mills*, hg. von Irving Louis Horowitz, New York 1963, S. 299.

des Intellektuellen, an Vergessenes zu erinnern, auf verleugnete Verbindungen hinzuweisen und alternative Handlungsmöglichkeiten aufzuzeigen, die den Krieg und seine Folgen, die Vernichtung von Menschen, vermieden hätten.

C. Wright Mills' Hauptargument ist der Gegensatz zwischen Masse und Individuum. Es besteht eine unüberwindliche Diskrepanz zwischen der Macht großer Organisationen, von Regierungen bis hin zu Verbänden, und der relativen Schwäche nicht nur der Individuen, sondern auch der Menschen aus niederen Schichten, der Minderheiten, der Bedürftigen, der kleinen Staaten, der unterlegenen oder unbedeutenden Kulturen und Rassen. Es ist für mich keine Frage, daß der Intellektuelle auf dieselbe Seite wie die Schwachen und die Nichtrepräsentierten gehört. Robin Hood, werden manche sagen. Aber die Rolle ist keineswegs so einfach und kann deswegen auch nicht als romantischer Idealismus abgetan werden. Im Grunde ist der Intellektuelle in dem von mir gemeinten Wortsinn weder Friedensstifter noch Vermittler, sondern jemand, dessen ganzes Wesen auf einer kritischen Geisteshaltung beruht, einer Geisteshaltung, die nicht gewillt ist, gängige Formeln oder Klischees, geschweige denn die glatten, stets so entgegenkommenden Formulierungen und Gesten der Mächtigen und Erfolgreichen zu akzeptieren. Und zwar ist der Intellektuelle nicht nur passiv, sondern aktiv entschlossen, sich auch öffentlich in diesem Sinne zu äußern.

Man muß sich nicht immer als Kritiker der Regierungspolitik betätigen, es geht eher darum, die Berufung des Intellektuellen als einen Zustand nachhaltiger Wachsamkeit zu verstehen, als unumstößlichen Willen, keine Halbwahrheiten oder Gemeinplätze durchgehen zu lassen. Daß dies einen beständigen Realismus einschließt, eine beinahe athletische Kraft der Vernunft und ein mühevolles Ringen, die Probleme der eigenen Persönlichkeit mit den Erfordernissen, die das Publizieren und Sprechen in der Öffentlichkeit mit sich bringen, in Einklang zu bringen, läßt vermuten, daß die Berufung des Intellektuellen eine Aufgabe darstellt, die konstitutiv unabschließbar und notwendig unvollkommen ist. Ihre aufregende Vielschichtigkeit wird dafür, zumindest für mich, nur um so größer; besonders populär macht sie einen nicht.

Führende Nationen – bedrängte Traditionen

JULIEN BENDAS BEKANNTES BUCH *Der Verrat der Intellektuellen* vermittelt den Eindruck, als lebten Intellektuelle in einer Art universalem Raum, frei von jeder Beschränkung durch nationale Grenzen oder ethnische Identitäten. 1927, zum Zeitpunkt der Veröffentlichung, schien es für Benda noch ganz selbstverständlich zu sein, daß, wer sich mit Intellektuellen beschäftigte, nur Europäer meinen konnte (Jesus ist der einzige Nichteuropäer, zu dem er sich zustimmend äußert).

Die Dinge haben sich seitdem beträchtlich verändert. Erstens sind Europa und der Westen für den Rest der Welt nicht länger der unangefochtene Maßstab. Infolge des Zerfalls der großen Kolonialreiche nach dem Zweiten Weltkrieg verringerte sich Europas Fähigkeit, die sogenannten dunklen Erdteile intellektuell und politisch zu »erleuchten«. Mit dem Beginn des Kalten Krieges, dem Entstehen der Dritten Welt und der durch die Existenz der Vereinten Nationen in Aussicht gestellten, wenn auch nicht verwirklichten universalen Emanzipation schienen die außereuropäischen Nationen und Traditionen nunmehr ernsthafterer Beachtung wert.

Zweitens brachte die unglaubliche Beschleunigung der Reise-

und Kommunikationsmöglichkeiten ein neues Bewußtsein für die sogenannte »Differenz« oder »Andersheit« hervor; einfach ausgedrückt heißt das, über Intellektuelle kann nicht mehr in der gleichen Allgemeinheit wie ehedem gesprochen werden, da zum Beispiel französische Intellektuelle in Stil und Geschichte gänzlich anders erfahren werden als etwa chinesische Intellektuelle. Mit anderen Worten: Wenn man heutzutage von Intellektuellen spricht, spricht man genaugenommen von nationalen, religiösen, ja sogar kontinentalen Variationen, von denen jede für sich untersucht werden müßte. So stehen afrikanische oder arabische Intellektuelle jeweils in einem ganz besonderen historischen Kontext, mit seinen eigenen Problemen, Pathologien, Errungenschaften und Anforderungen.

Zum Teil verdankt sich diese einengende und lokalisierende Betrachtungsweise der phantastischen Vielfalt spezialisierter Forschungen, die sich aus guten Gründen mit der zunehmenden Bedeutung der Intellektuellen in der modernen Welt befassen. In den meisten Bibliotheken der westlichen Universitäten und Forschungszentren kann man Tausende von Titeln über die Intellektuellen verschiedener Länder nachschlagen, die auch nur in Auszügen zu lesen Jahre in Anspruch nähme. Im übrigen gibt es für die Intellektuellen selbstverständlich viele verschiedene Sprachen, darunter Arabisch und Chinesisch, die eine ganz besondere Beziehung zwischen dem modernen intellektuellen Diskurs und alten, gewöhnlich sehr reichen Traditionen vorschreiben. Auch hier müßte ein westlicher Historiker, der ernsthaft versuchte, Intellektuelle aus anderen, unterschiedlichen Traditionen zu verstehen, Jahre damit verbringen, ihre Sprachen zu erlernen. Doch trotz dieser erheblichen Differenz und Andersheit, trotz der unvermeidlichen Erosion des universalen Begriffs dessen, was es heißt, ein Intellektueller zu sein, scheinen mir einige allgemeine Vorstellungen über den einzelnen Intellektuellen – um den es mir hier geht – über den lokalen Geltungsbereich hinaus verwendbar zu sein.

Die erste dieser Vorstellungen, die ich untersuchen möchte, betrifft die Nationalität und damit auch jenes Nebenprodukt der Nationalität, den Nationalismus. Kein einziger moderner Intellektueller – und das gilt für so bekannte wie Noam Chomsky und Bertrand Russell wie für weniger bekannte – schreibt in Esperanto, d. h. in einer Sprache, die der ganzen Welt, keinesfalls aber einem besonderen Land oder einer besonderen Tradition zugedacht ist. Jeder wird in eine Sprache hineingeboren und verbringt auch meist den Rest seines Lebens in dieser Sprache, welche das elementarste Medium der intellektuellen Tätigkeit ist. Sprachen sind selbstverständlich stets Nationalsprachen – Griechisch, Französisch, Arabisch, Englisch, Deutsch usw. Dennoch möchte ich betonen, daß der Intellektuelle eine ihm vertraute Nationalsprache nicht nur aus Gründen der Bequemlichkeit gebraucht, sondern er hofft, der Sprache einen besonderen Ton, einen speziellen Akzent und letztlich eine eigene Perspektive zu geben.

Das eigentliche Problem des Intellektuellen besteht jedoch darin, daß in jeder Gesellschaft bereits eine Sprachgemeinschaft existiert, die von Ausdrucksgewohnheiten beherrscht wird. Deren wichtigste Funktion ist es, den Status quo aufrechtzuerhalten und sicherzustellen, daß die Dinge reibungslos funktionieren, daß alles beim alten bleibt und nichts in Frage gestellt wird. George Orwell äußert sich hierzu sehr überzeugend in seinem Essay »Politics and the English Language« von 1946. Klischees, abgenutzte Metaphern, eine nachlässige Schreibweise sind, wie er sagt, Formen des »Sprachverfalls«. Sie haben zur Folge, daß der Geist dumpf und passiv wird, da eine Sprache, die denselben Effekt wie Hintergrundmusik in einem Supermarkt hat, wie eine Gehirnwäsche funktioniert und zur passiven Hinnahme ungeprüfter Gedanken und Gefühle verführt.

Orwell beschäftigt sich in diesem Essay mit der schleichenden Beeinflussung des Denkens der Engländer durch politische Demagogen. Er schreibt:»Politische Sprache – und das gilt mit Einschränkungen für alle politischen Parteien, von den Konservativen bis zu den Anarchisten – ist dafür gemacht, Lügen als Wahrheit und Mörder als Ehrenmänner erscheinen zu lassen und reinen Luftschlössern den Anschein von Solidität zu verleihen.«[1] Das Problem ist jedoch sowohl umfassender als auch gewöhnlicher und kann durch einen kurzen Blick darauf illustriert werden, wie Sprache heute zu immer allgemeineren, kollektiveren und korporativeren Formen neigt. Nehmen wir den Journalismus als Beispiel. Für die Vereinigten Staaten etwa gilt, je größer die Verbreitung und die Macht einer Zeitung und je gewichtiger ihr Ton, desto stärker wird sie mit einer Gemeinschaft identifiziert, die mehr umfaßt als lediglich eine Gruppe von professionellen Autoren und Lesern. Der Unterschied zwischen einer Boulevardzeitung und der *New York Times* ist der, daß die *Times* die maßgebliche Zeitung des Landes zu sein beansprucht (und als solche im allgemeinen auch angesehen wird); ihre Leitartikel geben nicht nur die Meinung einiger Männer und Frauen wieder, sondern auch die vermeintlich erkannte Wahrheit über und für die gesamte Nation. Dagegen legt es ein Boulevardblatt darauf an, durch sensationell aufgemachte Artikel und auffällige Typographie unmittelbar aufmerken zu lassen. Die Artikel der *Times* strahlen eine nüchterne Autorität aus, sie lassen auf ausführliche Recherchen, sorgfältiges Abwägen und reiflich überlegte Urteile schließen. Zwar verweist der redaktionelle Gebrauch von »wir« und »uns« auf die Reakteure selbst, zugleich erwecken jedoch Wendungen wie »wir, das Volk der Vereinigten Staaten« den Eindruck einer nationalen *corporate identity*. In der öffentlichen Diskussion während des Golfkriegs wurde, besonders im Fernsehen, aber auch in den Printmedien, von Reportern, Militärs und selbst von ge-

---

1 George Orwell, »Politics and the English Language«, in: ders., *Collected Essays*, London 1961, S. 352.

wöhnlichen Bürgern fortwährend auf dieses nationale »wir« zurückgegriffen, etwa bei den Fragen »Wann beginnen *wir* mit dem Bodenkrieg?« oder »Haben *wir* Verluste zu verzeichnen?«. Am Journalismus läßt sich nur deutlicher und genauer bestimmen, was immer schon in einer Nationalsprache impliziert ist, nämlich eine nationale Gemeinschaft, eine nationale Identität oder ein nationales Selbst. In *Culture and Anarchy* von 1869 ging Matthew Arnold so weit zu behaupten, der Staat repräsentiere das beste Selbst der Nation und eine nationale Kultur sei Ausdruck des Besten, was in ihrem Namen gesagt und gedacht wurde. Was jeweils das beste Selbst und die besten Gedanken sind, sei freilich nicht leicht zu erkennen und müsse deshalb, so Arnold, von »Menschen von Kultur« artikuliert und öffentlich vertreten werden. Er meinte wohl die »Intellektuellen«, Individuen, die aufgrund ihres Verstandes und ihres Urteilsvermögens geeignet sind, die besten Gedanken – die Kultur selbst – vorzustellen und ihnen Geltung zu verschaffen. Arnold sagt unmißverständlich, daß dies zum Wohl nicht nur einer einzelnen Klasse oder kleinen Gruppe, sondern der ganzen Gesellschaft gereiche. Auch hier soll, wie beim modernen Journalismus, der Intellektuelle der nationalen Gemeinschaft zum Bewußtsein einer gemeinsamen Identität verhelfen, und zwar zu einem äußerst feierlichen Bewußtsein.

Hinter Arnolds Vorstellungen verbirgt sich die Angst, daß mit der fortschreitenden Demokratisierung und einer wachsenden Zahl von Leuten, die das Recht auf freie Wahl und auf Selbstbestimmung einklagen, die Gesellschaft zunehmend unbezähmbar und unregierbar werde. Daher rührt die implizite Forderung an die Intellektuellen, das Volk zu besänftigen und ihm die besten Ideen und Werke der Literatur als Tor zur nationalen Gemeinschaft vor Augen zu führen. Das sollte verhindern, daß jeder, wie Arnold sich ausdrückte, »macht, was er will«. Das war 1869.

Für Benda indes liefen die Intellektuellen in den zwanziger

Jahren Gefahr, Arnolds Empfehlungen allzu bereitwillig zu folgen. Indem sie den Franzosen bezeugten, wie großartig französische Wissenschaft und Literatur war, lehrten sie zugleich, daß die Zugehörigkeit zu einer nationalen Gemeinschaft ein Zweck an sich sei, vor allem, wenn es sich bei dieser Gemeinschaft um eine so große Nation wie Frankreich handelte. Benda forderte deshalb die Intellektuellen auf, nicht länger in den Begriffen kollektiver Leidenschaften zu denken und sich statt dessen auf transzendente Werte zu konzentrieren, die universelle Geltung für alle Nationen und Völker besitzen. Wie ich bereits erwähnte, hielt es Benda für gesichert, daß diese Werte europäisch und nicht etwa indisch oder chinesisch seien. Wie ja auch die Intellektuellen, auf die er sich berief, Europäer waren.

Es scheint keinen Weg zu geben, den Grenzen und Einbindungen zu entkommen, die uns entweder von Nationen oder anderen Gemeinschaften (wie Europa, Afrika, der Westen, Asien) gesetzt werden, die die Sprache und eine Vielzahl vorausgesetzter Besonderheiten, Vorurteile und fester Denkgewohnheiten teilen. Die öffentliche Rede bedient sich ständig solcher Wendungen wie »der Engländer«, »die Araber«, »die Amerikaner« oder »die Afrikaner«, die jeweils nicht nur auf eine ganze Kultur, sondern auf eine spezifische Weltsicht verweisen.

Im Hinblick auf die islamische Welt – die insgesamt eine Milliarde Menschen umfaßt, Dutzende von verschiedenen Gesellschaften, ein halbes Dutzend Hauptsprachen wie Arabisch, Türkisch und Persisch, verteilt über etwa ein Drittel des Erdballs – sprechen amerikanische und britische Akademiker heutzutage häufig auf vereinfachende und meines Erachtens unverantwortliche Weise vom »Islam«. Sie gebrauchen diesen Begriff, als sei der Islam ein einfacher Gegenstand, der zu grobschlächtigen Verallgemeinerungen taugt, die ein ganzes Jahrtausend und die Hälfte der muslimischen Geschichte umspannen, und der zu ungehemmten Spekulationen über die Vereinbarkeit von Islam und Demokratie, Islam und Menschenrechten, Islam und Fortschritt einlädt.[1]

Ginge es in diesen Diskussionen lediglich um den gelehrten Aberwitz einzelner Wissenschaftler, die, wie Mr. Casaubon in George Eliots *Middlemarch*, nach einem Schlüssel zu alten und neuen Mythologien suchen, so könnte man sie als okkultistische Veranstaltungen abtun. Aber sie finden nach dem Ende des Kalten Krieges in einem durch die Vorherrschaft der USA in der westlichen Allianz geprägten Kontext statt, in dem man sich darauf geeinigt hat, daß die neue Bedrohung nach dem Ende des Kommunismus vom wiedererwachenden oder fundamentalistischen Islam ausgehe. Hier hat das korporative Denken die Intellektuellen *nicht* zu den kritischen und skeptischen individuellen Geistern gemacht, über die ich gesprochen habe, Individuen, die nicht den Konsens, sondern den Zweifel an ihm repräsentieren und dies aus rationalen, moralischen, politischen oder gar methodischen Gründen. Sie sind statt dessen zu einem Chor geworden, der die vorherrschende politische Sicht nachbetet, ja, der diese unter dem Deckmantel des korporativen Denkens flugs zu der zunehmend irrationalen Devise zusammenfaßt, »wir« würden von »ihnen« bedroht. Das Ergebnis ist Intoleranz und Angst, weit mehr als Wissen und Gemeinschaft.

Leider ist es nur allzu einfach, kollektive Phrasen zu wiederholen, denn allein schon der Gebrauch einer Nationalsprache (zu der es keine Alternative gibt) bindet einen an das Nächstliegende, stimmt einen auf die fertigen Redensarten und populären Metaphern für »uns« und »sie« ein, die von so vielen Institutionen, einschließlich des Journalismus und des akade-

---

1 Ich habe diese Praxis in *Orientalismus*, Frankfurt a.M., Berlin, Wien 1981, in *Covering Islam*, New York 1981, und in jüngerer Zeit in dem Artikel »The Phoney Islamic Threat«, in: *New York Times Sunday Magazine*, 21. November 1993, behandelt.

mischen Berufsstandes, mit ihrem willfährigen Bemühen um Allgemeinverständlichkeit immer wieder in Umlauf gesetzt werden. All dies gehört zur Aufrechterhaltung nationaler Identität. Die Erwartung, die Russen kämen, die japanische Wirtschaftsinvasion stehe bevor oder der militante Islam sei auf dem Vormarsch, signalisiert nicht nur eine kollektive Beunruhigung, sondern auch die Konsolidierung »unserer« als belagert und bedroht erfahrenen Identität. Wie man damit umgehen soll, ist eine der wichtigsten Fragen, die sich heute den Intellektuellen stellen. Bindet die Tatsache der Nationalität den einzelnen Intellektuellen aus Gründen der Solidarität, einer ursprünglichen Loyalität oder des nationalen Patriotismus an die öffentliche Stimmung? Oder läßt sich die Rolle des Intellektuellen mit mehr Recht als die eines Dissidenten begreifen? Niemals Solidarität vor Kritik – so lautet die kurze Antwort. Der Intellektuelle hat immer die Wahl, sich entweder auf die Seite der Schwächeren, der Unterrepräsentierten, der Vergessenen und Verdrängten oder auf die Seite der Mächtigen zu stellen. In diesem Zusammenhang sei daran erinnert, daß auch die Nationalsprachen nicht einfach da sind, sie stehen nicht zum freien Gebrauch, sondern müssen zuallererst angeeignet werden. Ein amerikanischer Kolumnist beispielsweise, der während des Vietnamkriegs die Wörter »wir« und »unsere« gebrauchte, eignete sich neutrale Pronomen an und verband sie bewußt entweder mit jener verbrecherischen Invasion einer weit entfernten südostasiatischen Nation oder, eine weitaus schwierigere Möglichkeit, mit jenen vereinzelten abweichenden Stimmen, für die der amerikanische Vietnamkrieg sowohl unklug als auch ungerecht war. Dabei geht es nicht um Opposition um der Opposition willen, sondern darum, Fragen zu stellen, zu unterscheiden und diejenigen Dinge wieder ins Gedächtnis zu rufen, die in der Aufregung kollektiven Urteilens und Handelns meist übersehen oder übergangen werden. Was den Konsens über eine Gruppe oder eine nationale Identität angeht, so ist es die Aufgabe des Intellektuellen zu zeigen, inwiefern die Gruppe keine natürliche oder gottgegebene Einheit, sondern ein konstruiertes, zusammengesetztes, in manchen Fällen sogar erfundenes Gebilde ist, das eine Geschichte voller Kämpfe und Durchbrüche hinter sich hat, die darzustellen mitunter durchaus lohnend ist. In den Vereinigten Staaten haben sich Noam Chomsky und Gore Vidal dieser Aufgabe mit einem grenzenlosen Engagement angenommen.

Eines der schönsten Beispiele dafür, was ich meine, findet sich in Virginia Woolfs Essay *Ein Zimmer für sich allein*, einem grundlegenden Text für feministische Intellektuelle. Auf die Bitte hin, einen Vortrag über Frauen und Literatur zu halten, erkennt Woolf bald, daß sie neben ihrer Schlußfolgerung, eine Frau brauche Geld und ein Zimmer für sich allein, um Literatur schreiben zu können, die Behauptung zu einem rationalen Argument entwickeln muß. Dies wiederum zwingt sie zu einem Klärungsprozeß, den sie wie folgt beschreibt: »Man kann nur zeigen, wie man zu der Meinung kam, die man hat.«[1] Das Argument zu entwickeln, sagt Woolf, sei eine Alternative dazu, die Wahrheit direkt zu sagen, denn da es sich um Belange handle, die mit dem Geschlecht zu tun haben, entzünde sich daran wahrscheinlich eher Streit als eine vernünftige Debatte. »Man kann seiner Zuhörerschaft nur Gelegenheit geben, ihre eigenen Schlüsse zu ziehen, indem sie die Beschränkungen, die Vorurteile, die Idiosynkrasien des Redners wahrnimmt.«[2] Das ist zwar eine entwaffnende Taktik, sie schließt jedoch ein persönliches Risiko ein. Durch die Kombination von Verwundbarkeit und rationalem Argument gewinnt Woolf den Zugang zu ihrem Thema, und zwar nicht mittels einer dogmatischen Stimme, die es *ipsissimis verbis* herunterbetet, sondern als Intellektuelle, die das vergessene »schwache Geschlecht« in einer

---

1 Virginia Woolf, *Ein Zimmer für sich allein*, Frankfurt a.M. 1981, S. 8.
2 Ebd.

Sprache repräsentiert, die diesem Vorhaben gewachsen ist. So gelingt es ihr in *Ein Zimmer für sich allein*, gegen die Sprache und Macht dessen, was sie das Patriarchat nennt, eine neue Sensibilität für den sowohl untergeordneten als auch häufig unbedachten und verborgenen Ort der Frau zu entwickeln. Daher die großartigen Seiten über Jane Austen, die ihre Manuskripte versteckte, oder über den untergründigen Zorn, der Charlotte Brontë umtrieb, oder, am beeindruckendsten, über die Beziehung zwischen männlichen, das heißt vorherrschenden, und weiblichen, das heißt sekundären und ausgeschlossenen Werten. Indem Woolf beschreibt, wie es kommt, daß die männlichen Werte bereits feststehen, wenn eine Frau zur Feder greift, beschreibt sie zugleich die Verhältnisse, unter denen der einzelne Intellektuelle zu schreiben oder zu sprechen beginnt. Es gibt immer eine Struktur der Macht und des Einflusses, historische Schichten von bereits artikulierten Werten und Ideen und, was für den Intellektuellen von größter Bedeutung ist, die Kehrseite dessen: Ideen, Werte, Menschen, die, wie die von Woolf beschriebenen weiblichen Autoren, kein Zimmer für sich allein haben. In seinen *Geschichtsphilosophischen Thesen* schreibt Walter Benjamin: »Wer immer bis zu diesem Tage den Sieg davontrug, der marschiert mit in dem Triumphzug, der die heute Herrschenden über die dahinführt, die heute am Boden liegen.«[1] Diese dramatische Sicht der Geschichte stimmt mit derjenigen Gramscis überein, für den die soziale Wirklichkeit selbst in Herrschende und von ihnen Beherrschte gespalten ist. Meines Erachtens ist die entscheidende Wahl, vor die sich der Intellektuelle gestellt sieht, die, ob er sich mit der Stabilität der Sieger und Herrscher verbündet oder ob er – was der schwierigere Weg ist – diese Stabilität als einen Ausnahmezustand, der die Glücklosen vollends zu vernichten droht, an-

---

[1] Walter Benjamin, *Zur Kritik der Gewalt und andere Aufsätze*, Frankfurt a. M. 1965, S. 83.

sieht und sowohl die Erinnerung an Unterdrückung selbst als auch an vergessene Stimmen und Personen bewahrt. Benjamin schreibt: »Vergangenes historisch artikulieren heißt nicht, es erkennen ›wie es denn eigentlich gewesen ist‹. Es heißt, sich einer Erinnerung bemächtigen, wie sie im Augenblick einer Gefahr aufblitzt.«[1]

Nun lautet eine der kanonischen Definitionen des modernen Intellektuellen, sie stammt von dem Soziologen Edward Shils, wie folgt: »In jeder Gesellschaft [...] gibt es einige Personen, die sich durch eine besondere Sensibilität für das Heilige auszeichnen, durch eine außergewöhnliche Reflexivität hinsichtlich der Natur ihres Universums und der Regeln, die ihre Gesellschaft beherrschen. Es gibt in jeder Gesellschaft eine Minderheit von Personen, die mehr als die meisten ihrer Mitmenschen die Verbindung zu Symbolen suchen und pflegen, die allgemeiner als die unmittelbar konkreten Situationen des Alltags sind und sowohl zeitlich als räumlich einen weiteren Bezugsrahmen haben. In dieser Minderheit gibt es ein Bedürfnis, ihre Suche in mündliche und schriftliche Diskurse, in poetischen oder plastischen Ausdruck, in historisches Gedenken oder in Texte, in rituelle Darstellungen und Kulthandlungen umzusetzen. Dieses innerliche Bedürfnis, den Schleier unmittelbar konkreter Erfahrung zu durchdringen, bezeichnet die Existenz der Intellektuellen in jeder Gesellschaft.«[2] Dies ist zu Teilen eine Neuformulierung der These Bendas – daß die Intellektuellen eine Art klerikale Minderheit bildeten – und zu Teilen eine allgemeine soziologische Beschreibung. Shils fügt später hinzu, daß die Intellektuellen zwei extreme Positionen einnehmen: entweder stellen sie sich den herrschenden Normen entgegen, oder sie sorgen, nachdem sie sich von Grund

---

1 Ebd., S. 81.
2 Edward Shils, »The Intellectuals and the Powers«, in: ders., *The Intellectuals and the Powers. Selected Papers I*, Chicago, London 1972, S. 3.

auf angepaßt haben, für die »Ordnung und Kontinuität des öffentlichen Lebens«[1] Ich denke, daß nur die erste dieser beiden Möglichkeiten die Rolle des modernen Intellektuellen kennzeichnet, gerade weil die herrschenden Normen so eng an die Nation gebunden sind (ja, von ihr vorgegeben werden), die sich stets selbstherrlich aus einer Autoritätsposition heraus verhält und Loyalität und Unterwürfigkeit erwartet, jedenfalls kein intellektuelles Nachforschen und Überprüfen, wovon sowohl Virginia Woolf als auch Walter Benjamin sprechen.

Heute stellen die Intellektuellen vieler Kulturen die allgemeinen Symbole, von denen Shils spricht, eher in Frage, als daß sie ihre besondere Nähe suchten. Es hat eine Verschiebung von patriotischem Einvernehmen zu Skeptizismus und Widerspruch stattgefunden. Für einen amerikanischen Intellektuellen wie Kirkpatrick Sale ist die große Erzählung von der Entdeckung und den »unbegrenzten Möglichkeiten« Amerikas auf inakzeptable Weise entstellend, da die Plünderung und der Völkermord, die den früheren Zustand vernichteten, ein zu hoher Preis waren.[2] Traditionen und Werte, die einst als heilig galten, erscheinen jetzt als verlogen und rassistisch. Und an vielen amerikanischen Universitäten verrät die Debatte über den akademischen Kanon – trotz ihrer manchmal dümmlichen Exzesse und albernen Selbstgefälligkeiten – eine höchst ambivalente Haltung zu nationalen Symbolen, geheiligten Traditionen und scheinbar unanfechtbaren Vorstellungen. Aber auch in Kulturen wie der islamischen oder der chinesischen, mit ihren sagenhaften Überlieferungen und ungeheuer beständigen Grundsymbolen, stören Intellektuelle wie Ali Schariati, Adonis, Kamal Abu Dib und die Intellektuellen der Bewegung

---

1 Ebd.
2 Dies wird von Kirkpatrick Sale in *Das verlorene Paradies. Christoph Kolumbus und die Folgen*, München, Leipzig 1991, überzeugend herausgearbeitet.

des 4. Mai die erhabene Ruhe und dumpfe Beschaulichkeit der Traditionen.[1]

Ich glaube, dies gilt nicht weniger für Länder wie die Vereinigten Staaten, Großbritannien, Frankreich und Deutschland, wo die Idee der nationalen Identität aufgrund ihrer Unzulänglichkeiten in jüngster Zeit offen angezweifelt wurde, und zwar nicht nur von Intellektuellen, sondern auch wegen einer unumstößlichen demographischen Realität. In Europa gibt es mittlerweile Einwanderergemeinden aus den früheren Kolonialgebieten, welche die zwischen 1800 und 1950 entstandenen Vorstellungen von »Frankreich«, »Großbritannien« oder »Deutschland« als sie ausschließend erleben. Zudem bekämpfen in all diesen Ländern die neuerdings erstarkten Schwulen- und Frauenbewegungen die patriarchalischen und zutiefst männlichen Normen, die die Gesellschaft bisher regulierten. In den Vereinigten Staaten haben eine wachsende Zahl neuer Immigranten und die allmählich an öffentlicher Präsenz gewinnenden Ureinwohner – die vergessenen Indianer, deren Land enteignet und entweder vernichtet oder durch die sich ausbreitende Republik völlig verwandelt wurde – in den Protest der Frauen, der Afroamerikaner und sexueller Minderheiten

---

1 Die Bewegung des 4. Mai, ein von chinesischen Studenten getragener Protest, war die unmittelbare Antwort auf den Versailler Vertrag von 1919, der die japanische Präsenz in Shandong sanktionierte, bei dem sich dreitausend Studenten auf dem Tiananmen-Platz in Beijing versammelten. Dieser erste Studentenprotest in China markiert den Beginn anderer landesweiter, von Studenten organisierter Bewegungen im 20. Jahrhundert. 32 Studenten wurden inhaftiert, was zu einer neuerlichen Mobilisierung der Studenten für ihre Freilassung und zu einer harten Reaktion seitens der Regierung auf das Shandong-Problem führte. Der Versuch der Regierung, die Studentenbewegung zu unterdrücken, scheiterte, da die Bewegung von der aufsteigenden Unternehmerschicht, die die japanische Konkurrenz fürchtete, Unterstützung erhielt. Vgl. John Israel, *Student Nationalism in China 1927–37*, Stanford 1966.

eingestimmt, gegen die Tradition, die sich seit zwei Jahrhunderten von den Puritanern Neuenglands und den Sklavenhaltern und Plantagenbesitzern des Südens herleitet. Im Gegenzug dazu wird inzwischen wieder an das amerikanische Erbe, an den Patriotismus und die Grund- oder Familienwerte, wie der ehemalige Vizepräsident Dan Quayle sie nannte, appelliert, die alle auf eine Vergangenheit verweisen, die nicht wiederherzustellen ist – es sei denn, man wollte die Erfahrungen derjenigen leugnen, die sich, mit den schönen Worten Aimé Césaires, einen Platz beim Rendezvous der Sieger wünschen.[1]

Auch in vielen Ländern der Dritten Welt hat der Intellektuelle angesichts der krassen Widersprüche zwischen den Institutionen des Nationalstaats und den von diesem benachteiligten, unterdrückten oder nicht repräsentierten Bevölkerungsschichten reichlich Gelegenheit, dem Vormarsch der Sieger zu widerstehen. In der arabisch-islamischen Welt ist die Situation noch komplizierter. Länder wie Ägypten und Tunesien, die seit ihrer Unabhängigkeit lange Zeit von säkularen nationalistischen Parteien regiert wurden, die inzwischen zu Sippschaften und Cliquen verkommen sind, werden plötzlich von islamischen Gruppen gespalten. Diese behaupten mit einigem Recht, daß ihnen ihr Mandat von den Unterdrückten, den Armen der Städte und den landlosen Bauern verliehen wurde, von all jenen, die keine Hoffnung haben außer der auf eine wiederhergestellte oder wiedererrichtete islamische Vergangenheit. Es gibt viele, die bereit sind, für diese Vorstellungen ihr Leben zu opfern.

Zwar ist der Islam der Glaube der großen Mehrheit, doch einfach zu erklären, »der Islam ist der Weg«, und damit jeglichen Dissens und jegliche Differenz einzuebnen, ganz zu schweigen von seinen stark voneinander abweichenden Interpretationen, kann meines Erachtens nicht die Rolle des In-

---

1 Aimé Césaire, *The Collected Poetry*, Berkeley 1983, S. 72.

tellektuellen sein. Immerhin ist der Islam eine vielschichtige und alles andere als monolithische Kultur und Religion. Doch obwohl er Glaube und Identität der großen Mehrheit der Bevölkerung ist, obliegt es dem Intellektuellen keineswegs, Lobgesänge auf den Islam anzustimmen. Vielmehr ist es seine Pflicht, in den Widerstreit der Meinungen eine Interpretation des Islam einzuführen, die seine komplexe, heterodoxe Natur betont – ein Islam der Herrscher, fragt Adonis, der syrische Dichter und Intellektuelle, oder einer der andersdenkenden Poeten und Sekten. Zudem sollte er die islamischen Autoritäten auffordern, sich den Herausforderungen der nichtislamischen Minoritäten, der Rechte der Frauen und der Moderne selbst zu stellen, mit offenem Ohr und ehrlicher Bereitschaft, sich zu korrigieren, nicht mit der ewig gleichen dogmatischen oder pseudopopulistischen Leier. Der entscheidende Punkt für den Intellektuellen im Islam ist die Wiederbelebung der *idschtihad*, der persönlichen Interpretation; die lammfromme Hörigkeit gegenüber politisch ehrgeizigen Ulemas oder charismatischen Demagogen ist dabei nur hinderlich.

Immer aber wird sich der Intellektuelle vom Problem der Loyalität unbarmherzig bedrängt sehen. Wir alle gehören ausnahmslos zu irgendeiner nationalen, religiösen oder ethnischen Gemeinschaft. Niemand, wie laut er darüber auch klagt, steht über den organischen Beziehungen, die ihn an die Familie, an die Gemeinschaft und an die Nationalität binden. Bei den Angehörigen einer gefährdeten oder verfolgten Gruppe – etwa die Bosnier oder die Palästinenser dieser Tage – führt die politische und mitunter physische Bedrohung des eigenen Volkes dazu, daß sie sich verpflichtet fühlen, es zu verteidigen, alles in ihrer Macht Stehende zu tun, um es zu schützen oder seine Feinde zu bekämpfen. Dabei handelt es sich offenkundig um einen defensiven Nationalismus. Doch reicht es nicht aus, wie Frantz Fanon auf dem Höhepunkt des algerischen Befreiungskrieges gegen die Franzosen (1954–1962) feststellte, in den von

Partei und Führung verkörperten antikolonialistischen Nationalismus einzustimmen. Es geht immer um die Frage des Ziels, das, selbst inmitten der Schlacht, eine Analyse der Wahlmöglichkeiten unerläßlich macht. Kämpfen wir bloß, um uns vom Kolonialismus zu befreien, was zunächst ein notwendiges Ziel ist, oder denken wir darüber nach, was wir tun werden, wenn der letzte fremde Polizist das Land verlassen hat?

Fanon zufolge kann das Ziel des einheimischen Intellektuellen nicht darin bestehen, einen fremden Polizisten durch einen einheimischen zu ersetzen, sondern nur darin, was er mit Aimé Césaire die Erschaffung neuer Seelen nennt. Mit anderen Worten: Obwohl der Beitrag des Intellektuellen zum Überleben der Gemeinschaft in Zeiten extremer nationaler Not von unschätzbarem Wert ist, darf seine Loyalität gegenüber dem Überlebenskampf der Gruppe nicht zu weit gehen. Sie darf weder sein Urteilsvermögen betäuben noch dem Gebot im Wege stehen, über das bloße Überleben hinaus Fragen der politischen Befreiung zu stellen, die Kämpfenden und ihre Führer zu kritisieren und Alternativen aufzuzeigen, die, als für den Kampf nicht von Belang, allzuoft niedergehalten oder verdrängt werden. Auch unter den Unterdrückten gibt es Sieger und Verlierer, und die Loyalität des Intellektuellen darf sich nicht in der Teilnahme am kollektiven Widerstand erschöpfen. Große Intellektuelle wie der Inder Tagore und der Kubaner José Martí waren in dieser Hinsicht vorbildlich; obwohl sie selbst Nationalisten waren, gaben sie in ihrer kritischen Einstellung dem Nationalismus gegenüber niemals nach.

In keinem Land der Welt war die Wechselwirkung zwischen den Ansprüchen der Gemeinschaft und der Frage der intellektuellen Ausrichtung auf so tragische Weise problematisch und quälend wie im modernen Japan. Mit der Meiji-Restauration von 1868, die den Kaiser wiedereinsetzte und den Feudalismus abschaffte, wurde bewußt die Entwicklung einer neuen Staatsideologie eingeleitet. Aus ihr erwuchs letztlich der faschistische

Militarismus, der zum nationalen Zusammenbruch führte. Das Jahr 1945 brachte dann die Niederlage des imperialen Japan. Wie die Historikerin Carol Gluck gezeigt hat, war die *tenno-sei ideorogii* (Kaiserideologie) die Schöpfung von Intellektuellen der Meiji-Ära. Während sie ursprünglich von nationaler Defensivität und sogar einem Gefühl der Unterlegenheit genährt wurde, war sie 1915 zu einem ausgeprägten Nationalismus angewachsen, der extremen Militarismus, Kaiserverehrung und eine Art Nativismus, der das Individuum dem Staat unterordnete, vereinte.[1] Andere Rassen wurden diffamiert; in den dreißiger Jahren kam es zum Massaker an Chinesen im Namen des *shido-minzoku*, der Vorstellung, daß die Japaner die überlegene Rasse seien.

Eine der beschämendsten Episoden der modernen Geschichte spielte sich während des Zweiten Weltkriegs ab, als japanische und amerikanische Intellektuelle in empörender Weise an einer nationalistischen und rassistischen Verleumdungsschlacht teilnahmen, wie John Dower es beschrieben hat.[2] Als der Krieg vorbei war, glaubten nach Ansicht Masao Miyoshis die meisten japanischen Intellektuellen fest daran, daß ihre neue Mission nicht nur der Demontage der Ideologie der *tenno-sei* (oder Einheitsideologie) zu gelten habe, sondern auch dem Entwurf einer liberalen individualistischen Subjektivität – *shutaisei* –, die sich mit dem Westen messen können sollte. Bedauerlicherweise war sie jedoch, wie Miyoshi sagt, dazu verurteilt, zur äußersten Leere des Konsums, in der nur noch der Akt des Kaufens zur Anerkennung und Bestätigung der Individuen diene, zu verkommen. Miyoshi gibt aber auch zu bedenken, daß die Aufmerksamkeit, die die Nachkriegsin-

---

1 Vgl. Carol Gluck, *Japan's Modern Myths. Ideology in the Late Meiji Period*, Princeton 1985.
2 John Dower, *War Without Mercy. Race and Power in the Pacific War*, London 1986.

tellektuellen der Subjektivität entgegenbrachten, Fragen nach der Verantwortung für den Krieg einschloß, wie etwa in den Werken des Schriftstellers Masao Maruyama, der tatsächlich von einer intellektuellen »Bußgemeinschaft« sprach.[1]

In finsteren Zeiten wird von den Intellektuellen sehr oft erwartet, daß sie ihre Nationalität vertreten, für sie sprechen und von ihrem Leiden Zeugnis ablegen. Prominente Intellektuelle befinden sich stets, um es mit einer Selbstbeschreibung Oscar Wildes auszudrücken, in einer symbolischen Beziehung zu ihrer Zeit: Im öffentlichen Bewußtsein repräsentieren sie Leistung, Ruhm und Ruf, die zugunsten einer Kriegspartei oder einer bedrohten Gemeinschaft mobilisiert werden können. Zugleich müssen prominente Intellektuelle häufig die Hauptlast der Schande ihrer Gemeinschaft tragen, sei es, daß sie von einigen mit der anderen Seite in Verbindung gebracht werden (das war zum Beispiel in Irland der Fall, aber auch in den westlichen Hauptstädten zu Zeiten des Kalten Kriegs, als Pro- und Antikommunisten aufeinander losgingen), sei es, daß sie von anderen Gruppen angegriffen werden. Sicherlich glaubte Wilde, die Schuld aller Avantgardedenker zu büßen, die es je gewagt hatten, die Konventionen der bürgerlichen Gesellschaft anzutasten. In unserer Zeit wurde ein Mann wie Elie Wiesel zum Symbol für das Leiden der sechs Millionen Juden, die im Holocaust vernichtet wurden.

Zu dieser wichtigen Pflicht, auf das kollektive Leid des eigenen Volkes aufmerksam zu machen, an das Andauern dieses Leidens zu gemahnen und die Erinnerung daran wachzuhal-

---

1 Masao Miyoshi, *Off Center. Power and Culture Relations Between Japan and the United States,* Cambridge 1991, S. 108 und 125. Masao Maruyama ist ein japanischer Schriftsteller der Nachkriegszeit und ein führender Kritiker der Geschichte Japans wie auch des kaiserlichen Herrschaftssystems; Miyoshi wirft ihm vor, zu bereitwillig die ästhetische und intellektuelle Vorherrschaft des Westens zu akzeptieren.

ten, kommt eine weitere Aufgabe hinzu, die zu erfüllen, so vermute ich, allein dem Intellektuellen obliegt: So haben viele Schriftsteller, Maler und Dichter wie Manzoni, Picasso und Neruda die historische Erfahrung ihres Volkes in ästhetischen Werken eingefangen, die ihrerseits als große Meisterwerke Anerkennung gefunden haben. Für den Intellektuellen besteht meines Erachtens die Aufgabe darin, die Krise ausdrücklich als universelle anzusehen, den Horizont zu erweitern, das Leiden einer bestimmten Rasse oder Gruppe oder Nation mit dem Leiden anderer in Zusammenhang zu bringen.

Es geht nicht an, nur zu versichern, daß ein Volk vertrieben, unterdrückt oder niedergemetzelt, seiner Rechte und seiner politischen Existenz beraubt wurde, ohne zu tun, was Fanon während des Algerienkriegs tat, nämlich diese Schrecken mit ähnlichen, von anderen erlittenen Schrecken in Verbindung zu setzen. Dies relativiert keineswegs die historische Besonderheit, sondern schützt davor, eine Lehre, die aus einer Erfahrung der Unterdrückung gezogen wurde, in einer anderen Situation außer acht zu lassen. Weil man das Leiden, das das eigene Volk und womöglich man selbst durchlebt hat, ausspricht, ist man nicht der Pflicht enthoben, darauf hinzuweisen, daß das eigene Volk jetzt vielleicht vergleichbare Verbrechen an seinen Opfern begeht.

Die südafrikanischen Buren beispielsweise haben sich selbst als Opfer des britischen Imperialismus betrachtet; dies bedeutete jedoch, daß sie sich – nach der erfolgreich überstandenen britischen »Aggression« während des Burenkriegs – mit ihrem Führer Daniel François Malan berechtigt fühlten, ihre historische Erfahrung in der Doktrin der Nationalpartei festzuschreiben – woraus die Apartheidpolitik erwuchs. Nichts ist für Intellektuelle einfacher und populärer, als in Apologie und Selbstgerechtigkeit zu verfallen, die sie blind machen für das Unrecht, das im Namen ihrer eigenen ethnischen oder nationalen Gemeinschaft begangen wurde oder wird. Dies gilt insbesondere in Not- und Krisensituationen, wenn der nationale Schulterschluß – wie während des Falkland- oder Vietnamkrieges – bedeutet, daß bereits Diskussionen über die Rechtmäßigkeit des Krieges als Verrat geächtet werden. Obwohl es kaum ein verläßlicheres Mittel gibt, sich unbeliebt zu machen, muß der Intellektuelle seine Stimme gegen das Herdendenken erheben, gleichgültig, was es ihn persönlich kostet.

Intellektuelles Exil: Vertriebene und Grenzgänger

DAS EXIL IST ein Schicksal, wie es trauriger kaum denkbar ist. In vormodernen Zeiten gehörte es zu den besonders harten Strafen, da das Leben in der Verbannung nicht nur Jahre des ziellosen Herumirrens fern der Familie und der gewohnten Umgebung bedeutete, sondern auch, als ein ewig Ausgestoßener sich niemals zu Hause zu fühlen, ständig mit seiner Umgebung im Zwist zu liegen, untröstlich über die Vergangenheit, voller Verbitterung angesichts der Gegenwart und Zukunft. Seit jeher wird die Vorstellung der Verbannung mit den Schrecken der Lepra, der sozialen und moralischen Unberührbarkeit, in Verbindung gebracht. Im 20. Jahrhundert hat sich jedoch das Exil aus einer besonderen Strafe, die in Einzelfällen verhängt wurde – wie etwa im Fall des großen lateinischen Dichters Ovid, der aus Rom in eine entlegene Stadt am Schwarzen Meer verbannt wurde –, zu einer grausamen Strafe für ganze Gemeinschaften und Völker verwandelt, oft als unerwartete Folge überpersönlicher Mächte wie Krieg, Huntersnöte und Seuchen.

Ein Beispiel hierfür sind die Armenier, ein begabtes, häufigen Vertreibungen ausgesetztes Volk, das in großer Zahl im ganzen östlichen Mittelmeerraum (insbesondere in Anatolien) lebte. Nach den genozidähnlichen Übergriffen seitens der Türken strömten die Armenier in die Gegend von Beirut, Aleppo, Jerusalem und Kairo, freilich nur, um während der revolutionären Umwälzungen nach dem Zweiten Weltkrieg von dort erneut vertrieben zu werden. Ich fühlte mich schon immer stark zu den großen aus ihrer Heimat ausgebürgerten oder verbannten Gemeinschaften hingezogen, die die Gegenden meiner Jugend in Palästina und Ägypten bevölkerten. Unter ihnen waren viele Armenier, aber auch Juden, Italiener und Griechen, die, nachdem sie sich in der Levante angesiedelt hatten, dort tiefe Wurzeln geschlagen hatten – immerhin haben diese Gemeinschaften so prominente Schriftsteller wie Edmond Jabès, Giuseppe Ungaretti, Konstantinos Kavafis hervorgebracht. Nach der Gründung Israels 1948 und dem Suezkrieg von 1956 fand dieser Zustand ein abruptes Ende. Unter den nationalistischen Regierungen in Ägypten, im Irak und auch in der übrigen arabischen Welt wurden Ausländer, die die neuerliche Aggression des europäischen Nachkriegsimperialismus symbolisierten, gezwungen, das Land zu verlassen. Für viele alte Gemeinschaften stellte dies ein besonders schlimmes Schicksal dar. Einigen gelang es zwar, sich an ihrem neuen Zufluchtsort einzurichten, viele wurden jedoch erneut ins Exil getrieben.

Es gibt die weitverbreitete, aber völlig unzutreffende Annahme, das Leben im Exil bedeute, vollständig von der eigenen Herkunft abgeschnitten und hoffnungslos isoliert zu sein. Wenn die Trennung doch nur so klar wäre, dann gäbe es zumindest den Trost, daß alles, was man hinter sich gelassen hat, unwiederbringlich verloren ist. In Wirklichkeit besteht für die meisten Exilanten das Problem nicht einfach darin, fern der Heimat leben zu müssen, sondern durch die heutigen Lebensverhältnisse unablässig daran erinnert zu werden, daß sie im Exil leben, daß die Heimat in Wirklichkeit gar nicht so weit entfernt ist. Der inzwischen selbstverständlich gewordene weltweite Verkehr stellt einen ständigen, in seiner Unerfüllbarkeit jedoch quälenden Kontakt zu den alten Orten her. Der Exilierte lebt daher in einem Übergangszustand, weder wirklich angekommen in der neuen Welt noch völlig abgelöst von der alten, halb beteiligt und halb distanziert, nostalgisch und sentimental auf der einen Seite, ein sich anpassender Neuankömmling oder heimlicher Ausgestoßener auf der anderen. Geschickt das eigene Überleben zu sichern wird daher zur Lebensmaxime, mit all den Risiken, die damit verbunden sind, bequem und unbeweglich zu werden – eine Gefahr, die man nie aus dem Auge verlieren darf.

Salim, die Hauptfigur in V.S. Naipauls Roman *An der Biegung des Flusses*, ist eine anrührende Verkörperung des modernen Intellektuellen im Exil; als ostafrikanischer Muslim indischer Herkunft hat er die Küstenregion verlassen und reist in das Innere Afrikas, wo er in einem neuen Staat, in dem unschwer Mobutus Zaire zu erkennen ist, nur mit Mühe überlebt. Naipauls außergewöhnliches Gespür als Romancier befähigt ihn, Salims Leben an »einer Biegung des Flusses« als Leben in einer Art Niemandsland zu schildern, das von europäischen intellektuellen Ratgebern (die die idealistischen Missionare der Kolonialzeit abgelöst haben), aber ebenso von Söldnern, Kriegsgewinnlern und anderem Treibgut aus der Dritten Welt heimgesucht wird. In dieser Gesellschaft, die durch zunehmende Auflösungserscheinungen geprägt ist, werden Salims Geradlinigkeit und Integrität allmählich zuschanden. Am Ende des Romans – und dies ist natürlich Naipauls ideologisch anfechtbarer Standpunkt – sind sogar die Einheimischen zu Exilanten in ihrem eigenen Land geworden, so widersinnig und unberechenbar sind die Launen des Regierungschefs, des *big man*, den Naipaul als Symbol für alle postkolonialen Regime verstanden wissen will.

Die weltweite Neuordnung der Landesgrenzen nach dem

Zweiten Weltkrieg rief ungeheure demographische Bewegungen hervor; zum Beispiel bei den indischen Muslims, die nach der Teilung von 1947 nach Pakistan einströmten, oder bei den Palästinensern, die infolge der Vorbereitungen Israels, die ankommenden europäischen und asiatischen Juden zu empfangen, weithin zerstreut wurden. Diese Transformationen begünstigten umgekehrt das Aufkommen hybrider politischer Formen. In Israels Innenpolitik ist nicht nur die politische Einflußnahme der jüdischen Diaspora zu verspüren, sondern auch eine ebensolche, auf verschlungene und konkurrierende Weise vor sich gehende des palästinensischen Volkes im Exil. In den neu gegründeten Ländern Pakistan und Israel wurden die neuen Immigranten als Teil eines Bevölkerungsaustauschs angesehen, politisch wurden sie jedoch als ehemals unterdrückte Minderheiten betrachtet, denen das Recht zukam, in ihren neuen Staaten als Angehörige der Mehrheit zu leben. Wenn man auch nicht sagen kann, daß die Staatsteilung bzw. die separatistische Ideologie der neuen Staatsform sektiererische Positionen begründet haben, so haben sie sie doch begünstigt und oft neu aufleben lassen. Mir geht es hier aber vor allem um jene mehr oder minder sich selbst überlassenen Exilierten, wie etwa die Palästinenser oder die neuen muslimischen Immigranten in Kontinentaleuropa oder um die Westinder und afrikanischen Schwarzen in England, deren Anwesenheit die angebliche Homogenität der neuen Gesellschaften, in denen sie leben, komplizierter macht. Der Intellektuelle, der sich selbst auf eine umfassendere *conditio humana* bezieht und den daher die abgeschobenen nationalen Gemeinschaften nicht unberührt lassen, ist wahrscheinlich weniger eine Quelle der Akkulturation und Anpassung als eine der Unbeständigkeit und Instabilität.

Damit soll keineswegs geleugnet werden, daß das Exil nicht auch Wunder an Anpassung hervorbringt. Die Vereinigten Staaten sind heute in der ungewöhnlichen Lage, zwei ehemalige Spitzenbeamte im Regierungsapparat gehabt zu haben – Henry Kissinger und Zbigniew Brzezinski –, die beide emigrierte Intellektuelle waren (oder es noch sind). Kissinger kam aus dem nationalsozialistischen Deutschland, Brzezinski aus dem kommunistischen Polen. Darüber hinaus ist Kissinger Jude, was ihn in die außerordentlich schwierige Position bringt, nach dem einschlägigen Paragraphen des israelischen Einwanderergesetzes für die Immigration nach Israel in Frage zu kommen. Kissinger und Brzezinski scheinen, zumindest oberflächlich betrachtet, ihre Fähigkeiten völlig in den Dienst des Landes gestellt zu haben, das sie aufgenommen hat. Das brachte ihnen Ansehen, materielle Auszeichnungen und nationalen, um nicht zu sagen weltweiten Einfluß ein, der Lichtjahre entfernt ist von der marginalen Situation, in der exilierte Intellektuelle aus der Dritten Welt heutzutage in Europa oder in den Vereinigten Staaten verharren. Obwohl sie über Jahrzehnte in Regierungspositionen gedient haben, sind diese beiden prominenten Intellektuellen nunmehr Berater von Verbänden und anderen Regierungen.

Brzezinski und Kissinger sind, was ihre soziale Laufbahn angeht, vielleicht nicht so außergewöhnlich, wie man annehmen möchte, wenn man sich in Erinnerung ruft, daß das europäische Spektakel des Zweiten Weltkriegs von anderen Exilierten – wie Thomas Mann – als eine Schlacht um das westliche Schicksal, um die westliche Seele angesehen wurde. In diesem »gerechten Krieg« spielten die Vereinigten Staaten die Rolle des Retters, der einer ganzen Generation von Akademikern, Künstlern und Wissenschaftlern, die vor dem westlichen Faschismus in die Metropole des neuen westlichen Imperiums flohen, Zuflucht bot. Eine große Gruppe hoch angesehener Gelehrter aus den Geistes- und Sozialwissenschaften fand dadurch den Weg nach Amerika. Etliche von ihnen, wie die großen Romanisten und Komparatisten Leo Spitzer und Erich Auerbach, bereicherten die amerikanischen Universitäten mit ihren Kenntnissen und ihren aus der Alten Welt mitgebrachten Erfahrungen. Andere, unter ihnen Naturwissenschaftler wie Edward Teller und Wernher von Braun, stellten ihre Kenntnisse während des Kalten Krieges unter Beweis und gaben – als neue Amerikaner – ihr Bestes, um den Kampf um die Vorherrschaft im All und den Rüstungswettlauf mit der Sowjetunion zu gewinnen. In der Nachkriegszeit war diese Sorge so bestimmend, daß sich, wie erst kürzlich aufgedeckt wurde, hochgestellte amerikanische Intellektuelle aus den Sozialwissenschaften darum bemühten, ehemalige Nazis, die wegen ihrer antikommunistischen Überzeugungen bekannt waren, in den Vereinigten Staaten als Teilnehmer des großen Kreuzzugs einzusetzen.

Die ziemlich zweifelhafte Kunst des politischen Lavierens, eine Technik, keine klare Stellung zu beziehen und sich dennoch gutzustellen, und die Frage, wie einem Intellektuellen die Anpassung an eine neue bzw. neu aufkommende Vormacht gelingt, ist das Thema, mit dem ich mich in den nächsten beiden Kapiteln beschäftigen werde. An dieser Stelle möchte ich mich auf die Gegenfigur konzentrieren, auf den Intellektuellen, der als Exilierter diese Anpassungsleistung nicht erbringen kann, oder besser, nicht erbringen will, der lieber außerhalb des Mainstreams verbleibt, sich nicht anpaßt, sich nicht einbinden läßt, sondern widerständig bleibt. Doch zuvor seien mir noch einige Anmerkungen gestattet.

Erstens möchte ich das Exil, das eine *reale* Situation ist, für meine Zwecke auch *metaphorisch* verstanden wissen. Damit meine ich, daß sich meine Diagnose des Intellektuellen im Exil zwar von der sozialen und politischen Geschichte der Vertreibung und Migration herleitet, aber nicht auf sie begrenzt ist. Sogar Intellektuelle, die zeit ihres Lebens Mitglieder ihrer Gesellschaft bleiben, können in Insider und Outsider unterteilt werden: einerseits jene, die der Gesellschaft, so wie sie ist, ohne Vorbehalt angehören, die sich in ihr entwickeln und Dissonanzen oder Widerspruch eher aus dem Weg gehen, also jene, die man Jasager nennen könnte; und andererseits die Neinsager, diejenigen, die mit ihrer Gesellschaft im Zwist liegen und daher Außenseiter und Exilierte sind, wo es um Privilegien, Macht und Gratifikationen geht. Das Muster, das der Laufbahn des Intellektuellen als Außenseiter zugrunde liegt, läßt sich am besten durch die Situation des Exils veranschaulichen, ein Zustand, in dem man nie voll angepaßt ist, sich stets außerhalb der geschwätzigen, trauten Welt der Einheimischen fühlt und die Verlockungen der Anpassung und des nationalen Wohls meidet, wenn nicht gar ablehnt. Für den Intellektuellen heißt Exil in dieser metaphysischen Bedeutung Unbeständigkeit, Bewegung, nie zur Ruhe kommen und andere aus ihrer Ruhe aufstören. Es gibt kein Zurück zu einem früheren und vielleicht stabileren Zustand der Behaustheit; auch wird man niemals endgültig ankommen, eins sein mit der neuen Heimat oder der neuen Lage.

Zweitens – und ich bin etwas überrascht über diese Beobachtung – tendiert der Intellektuelle als Exilierter dazu, sich mit der Idee des Unglücks anzufreunden, so daß Unzufriedenheit, eine Art mürrischer Mißmut, nicht nur ein Denkstil, sondern auch eine neue, wenngleich vorübergehende Heimat werden kann; der Intellektuelle als schwadronierender Thersites. Das große historische Vorbild für das, was ich meine, ist Jonathan Swift, eine mächtige Gestalt aus dem 18. Jahrhundert, der seinen Verlust an Einfluß und Prestige nach dem Rücktritt der Tories 1714 nie verwand und sein restliches Leben in Irland im Exil zubrachte. Eine nahezu legendäre Figur der Verbitterung und Wut – *saeve indignatio* sagte er über sich in seinem eigenen Epitaph. Swift war über Irland ungeheuer aufgebracht, obwohl er es gegen die britische Tyrannei verteidigte. Seine überragenden irischen Werke *Gullivers Reisen* und die *Tuchhändlerbriefe* offenbaren einen Geist, der aus seiner produktiven Wut Kraft, ja Nutzen zieht.

Der frühe V. S. Naipaul, der Essayist und Reiseschriftsteller, war in England ansässig und doch ständig unterwegs, er kehrte zu seinen karibischen und indischen Wurzeln zurück, durchstöberte die Reste des Kolonialismus und Postkolonialismus und verurteilte unbarmherzig die Illusionen und Grausamkeiten der unabhängigen Staaten und der neuen Rechtgläubigen – dieser Naipaul war in gewisser Weise eine Symbolgestalt des modernen exilierten Intellektuellen.

Weitaus strenger und entschiedener als Naipaul verbrachte Theodor Wiesengrund Adorno das Exil. Er war ein abschreckender, aber unendlich faszinierender Mann, und für mich das beherrschende intellektuelle Bewußtsein aus der Mitte des 20. Jahrhunderts, der zeit seines Lebens die Gefahren des Faschismus, des Kommunismus und des Massenkonsums beim Namen nannte und bekämpfte. Anders als Naipaul, der immer wieder seine ehemaligen Wohnorte in der Dritten Welt besuchte, war Adorno durch und durch Europäer, ein Mann, der seine Bildung aus der höchsten aller Hochkulturen bezogen hatte; er besaß eine erstaunliche fachliche Kompetenz in Philosophie, Musiktheorie – er war Student und Bewunderer von Berg und Schönberg –, Soziologie, Literatur, Geschichte und Kulturkritik. Aus einer teilweise jüdischen Familie stammend, verließ er Mitte der dreißiger Jahre – kurz nach der nationalsozialistischen Machtergreifung – Deutschland. Er ging zunächst als Philosophiedozent nach Oxford, wo er ein extrem schwieriges Buch über Husserl schrieb. Es scheint ihm dort erbärmlich ergangen zu sein, inmitten all der Positivisten und Sprachphilosophen, mit seiner Spenglerschen Düsterkeit und seiner metaphysischen Dialektik in bester Hegelscher Manier. Er kam kurzfristig nach Deutschland zurück, emigrierte als Mitglied des Frankfurter Instituts für Sozialforschung dann aber doch, wenn auch zögernd, in die Vereinigten Staaten, wo er erst in New York (1938–1941) und später in Südkalifornien lebte.

Obwohl Adorno 1949 nach Frankfurt zurückkehrte und dort

seine alte Professur wiederaufnahm, drückten ihm die Jahre in den Vereinigten Staaten für immer den Stempel des Exils auf. Er haßte Jazz und alles, was mit Alltagskultur zusammenhing; es ging ihm jedes Empfinden für die amerikanische Landschaft ab. Auf seine Art scheint er ein gelehrter Mandarin geblieben zu sein. In einer marxistisch-hegelianischen philosophischen Tradition stehend, brachte ihn alles in Rage, was mit dem weltweiten Einfluß des amerikanischen Films, der amerikanischen Industrie und dem amerikanischen Lebensstil, dem an Fakten orientierten Lernen und dem Pragmatismus zu tun hatte. Freilich war Adorno bereits bevor er in die Vereinigten Staaten kam für ein geistiges Exil vorgeprägt. Er stand dem, was in Europa als bürgerlicher Geschmack galt, längst überaus kritisch gegenüber, und seine Maßstäbe dafür, was etwa Musik zu sein hätte, bezog er aus den schwierigen Werken Schönbergs, die er verehrte, die aber das durchaus ehrenwerte Schicksal ereilte, völlig am Publikumsgeschmack vorbeizugehen. Paradox, ironisch, erbarmungslos kritisch: Adorno war der klassische Intellektuelle, der *allen* Systemen mit dem gleichen Abscheu begegnete, gleichgültig von welcher Seite es war. Für ihn gab es kein Leben im Wahren – das Ganze ist das Unwahre, sagte er einmal –, und daher wies er der Subjektivität, dem individuellen Bewußtsein, dem, was sich in der total verwalteten Gesellschaft nicht reglementieren läßt, eine um so größere Bedeutung zu.

Dennoch war es das amerikanische Exil, das für Adornos Meisterwerk, die *Minima Moralia*, den Boden bildete, eine Sammlung von 153 Fragmenten, 1953 veröffentlicht, mit dem Untertitel *Reflexionen aus dem beschädigten Leben*. In der episodischen und verwirrend exzentrischen Form des Buches, das weder eine zeitlich geordnete Autobiographie noch eine thematische Reflexion darstellt, geschweige denn eine systematische Darlegung der Weltanschauung des Autors, werden wir erneut an die Besonderheiten des Lebens Basarows erinnert, wie es in

Turgenjews Roman *Väter und Söhne* über das russische Leben in der Mitte der sechziger Jahre des letzten Jahrhunderts dargestellt wird. Basarow, der Prototyp des modernen nihilistischen Intellektuellen, wird von Turgenjew in keinen erzählerischen Rahmen gestellt; er erscheint kurz, dann verschwindet er. Wir sehen ihn zwar flüchtig mit seinen betagten Eltern, aber es ist offensichtlich, daß er sich bewußt von ihnen getrennt hat. Wir schließen daraus, daß der Intellektuelle, der sein Leben nach anderen Normen lebt, keine Geschichte hat, sondern nur eine Art destabilisierenden Effekt darstellt; er löst seismische Erschütterungen aus, er rüttelt auf, er kann jedoch nie durch seine Herkunft oder seine Freunde restlos erklärt werden.

Turgenjew selbst hält sich vollkommen bedeckt: er läßt alles kommentarlos vor unseren Augen ablaufen, als wollte er sagen, daß der Intellektuelle nicht nur ein Wesen ist, das sich von Eltern und Kindern fernhält, sondern daß seine Lebensweise, seine Art, sich auf das Leben einzulassen, notwendigerweise vieldeutig ist und nur durch eine Reihe unzusammenhängender Auftritte realistisch dargestellt werden kann. Adornos *Minima Moralia* scheinen derselben Logik zu folgen, obwohl es nach Auschwitz, Hiroshima, dem Ausbruch des Kalten Kriegs und dem Sieg Amerikas viel problematischer ist, den Intellektuellen ehrlich zu repräsentieren, als es für Turgenjew mit seinem Basarow hundert Jahre zuvor war.

Adornos Vorstellung vom Intellektuellen als einem ständigen Emigranten, der sowohl dem Alten wie dem Neuen mit der gleichen Behendigkeit ausweicht, ist im wesentlichen in seinen bis an die Grenze der Manieriertheit durchgearbeiteten Stil eingelassen. Er ist vor allem fragmentarisch, sprunghaft, unzusammenhängend; es gibt keinen Plan, keine Ordnung, der zu folgen wäre. In ihm repräsentiert sich das Bewußtsein des Intellektuellen als eines, das unfähig ist, an einer Stelle zu verharren, das immer auf der Hut ist vor den Blendungen des Erfolgs – was in der besonderen Wendung Adornos bedeutete, sich zu bemühen, bewußt *nicht* leicht und unmittelbar verstanden zu werden. Es ist freilich auch nicht möglich, sich in die völlige Privatheit zurückzuziehen, da, wie Adornos sehr viel später sagen wird, die Hoffnung des Intellektuellen nicht darin besteht, auf die Welt einzuwirken, sondern darin, daß irgendwann irgendwo irgendwer das, was er schrieb, genau so lesen wird, wie er es schrieb.

In einem Fragment, dem achtzehnten der *Minima Moralia*, ist die Bedeutung des Exils vortrefflich eingefangen: »Eigentlich kann man überhaupt nicht mehr wohnen. Die traditionellen Wohnungen, in denen wir groß geworden sind, haben etwas Unerträgliches angenommen: jeder Zug des Behagens darin ist mit Verrat an der Erkenntnis, jede Spur der Geborgenheit mit der muffigen Interessengemeinschaft der Familie bezahlt.« Soviel zum Leben derer, die in der Zeit vor dem Nationalsozialismus aufwuchsen. Doch der Sozialismus und die amerikanische Konsumideologie sind nicht besser. Die Menschen dort »wohnen wenn nicht in Slums, so in Bungalows, die morgen schon Laubhütten, Trailers, Autos oder Camps, Bleiben unter freiem Himmel sein mögen«. Daher stellt Adorno fest: »Das Haus ist vergangen. [...] Das beste Verhalten all dem gegenüber scheint noch ein unverbindliches, suspendiertes [...], *es gehört zur Moral, nicht bei sich selber zu Hause zu sein.*«

Doch kaum ist er zu dieser scheinbaren Schlußfolgerung gelangt, wendet Adorno auch schon ein: »Aber die Thesis dieser Paradoxie führt zur Destruktion, einer lieblosen Nichtachtung für die Dinge, die notwendig auch gegen die Menschen sich kehrt, und die Antithesis ist schon in dem Augenblick, in dem man sie ausspricht, eine Ideologie für die, welche mit schlechtem Gewissen das Ihre behalten wollen. Es gibt kein richtiges Leben im falschen.«[1]

---

1 Theodor W. Adorno, *Minima Moralia. Reflexionen aus dem beschädigten Leben*, Frankfurt a.M. 1964, S. 40–42 (Hervorhebung von E. W. S.).

Mit anderen Worten, es gibt kein wirkliches Entkommen, auch nicht für den Emigrierten, der versucht, sich in der Schwebe zu halten, da der Zustand der Suspension selbst zu einer verfestigten ideologischen Haltung werden kann, zu einer Bleibe, deren Falschheit mit der Zeit überdeckt wird und die allzuleicht zur Gewohnheit werden kann. Doch Adorno geht noch weiter: »mißtrauische Insistenz ist allemal heilsam«, besonders in bezug auf das Schreiben. »Wer keine Heimat mehr hat, dem wird wohl gar das Schreiben zum Wohnen«, auch wenn dies – das ist Adornos Schlußakkord – zu keinem Nachlassen in der Strenge der Selbstanalyse führen darf. »Die Forderung, sich hart zu machen gegens Mitleid mit sich selber, schließt die technische ein, mit äußerster Wachsamkeit dem Nachlassen der gedanklichen Spannkraft zu begegnen und alles zu eliminieren, was als Kruste der Arbeit sich ansetzt, was leer weiterläuft, was vielleicht in einem früheren Stadium als Geschwätz die warme Atmosphäre bewirkte, in der es wächst, jetzt aber muffig, schal zurückbleibt. Am Ende ist es dem Schriftsteller nicht einmal im Schreiben zu wohnen gestattet.«[1]

Das hat die typische Düsterkeit und Strenge Adornos. Als emigrierter Intellektueller kann er der Vorstellung nur mit Sarkasmus begegnen, die eigene Arbeit könne eine gewisse Befriedigung verschaffen, eine Lebensweise, die eine gewisse Erleichterung bedeuten könnte angesichts der Angst und der Marginalität, die die fehlende »Bleibe« mit sich bringt. Worüber Adorno nicht spricht, sind die Freuden des Exils, jene Veränderungen der Lebensführung und ungewohnten Blickwinkel, die es mitunter bieten kann und die der Berufung des Intellektuellen neue Kraft geben, ohne, es ist wohl wahr, jene letzte Angst, jenes letzte Gefühl bitterer Einsamkeit wirklich zu beseitigen. Obwohl das Exil eine Lebensform ist, die den Intellektuellen als eine an den Rand gedrängte Gestalt charakteri-

---

1   Ebd., S. 106, 108 f.

siert, dem der Genuß von Privilegien, Macht und Zuhausesein (wenn man so sagen kann) versagt sind, so muß doch betont werden, daß dieser Zustand auch einige Entschädigungen, ja sogar Privilegien bereithält. Obwohl man weder Preise gewinnt noch in all jenen sich selbst beweihräuchernden Ehrenzirkeln willkommen geheißen wird, die automatisch lästige und aufmüpfige Störenfriede ausschließen, läßt sich dem Exil und der Marginalität auch Positives abgewinnen.

Ein Punkt ist selbstverständlich die Freude, die es bereitet, überrascht zu werden, niemals etwas für gesichert anzunehmen, zu lernen, unter instabilen Bedingungen zu handeln, was die meisten verwirren oder erschrecken würde. Ein intellektuelles Leben dreht sich im Kern um Wissen und Freiheit. Diese erlangen nicht als bloße Abstraktionen Bedeutung – wie in der reichlich banalen Feststellung, eine gute Ausbildung verspreche ein gutes Leben –, sondern als tatsächlich gelebte Erfahrung. Ein Intellektueller ist wie ein Schiffbrüchiger, der gewissermaßen *mit* dem Land zu leben lernt, nicht *auf* ihm – nicht wie Robinson Crusoe, dem es darum ging, sein kleines Eiland zu kolonisieren, sondern eher wie Marco Polo, den niemals sein Sinn für das Wunderbare verließ und der immer ein Reisender war, ein zeitweiser Gast, kein Beutemacher, kein Eroberer, kein Aggressor.

Da der Exilant die Dinge sowohl unter dem Gesichtspunkt sieht, was er hinter sich gelassen hat, als auch unter dem, was vor ihm liegt, bewegt er sich in einer doppelten Perspektive. Er sieht die Dinge niemals isoliert. Jede Szene oder Situation im Ankunftsland erinnert unweigerlich an ihre Entsprechung im Herkunftsland. Intellektuell bedeutet dies, daß eine Vorstellung oder Erfahrung stets von einer anderen kontrapunktisch aufgehoben wird und infolgedessen beide in einem irgendwie neuen und unvorhersehbaren Licht erscheinen. Durch diese Gegenüberstellung läßt sich eine bessere, vielleicht sogar universellere Vorstellung davon gewinnen, was man etwa von einer

Frage im Zusammenhang mit den Menschenrechten denken soll. Man muß nur die eine Situation mit der anderen vergleichen. Für mein Gefühl waren die alarmierenden und äußerst unzulänglichen Diskussionen im Westen über den islamischen Fundamentalismus zu einem Großteil gerade deswegen intellektuell so unfair, weil sie keinen Vergleich mit dem jüdischen oder christlichen Fundamentalismus anstellten, die nach meiner Erfahrung im Nahen Osten dort gleichermaßen verbreitet und zu verurteilen sind. Was normalerweise nur als Element betrachtet wird, das dem Urteil über einen ausgewiesenen Feind als Vorwand dient, zwingt den westlichen Intellektuellen, der sich die doppelte Perspektive des Exilanten zu eigen macht, dazu, sich ein viel umfassenderes Bild zu machen, konfrontiert ihn mit der Forderung, nunmehr *allen* theokratischen Tendenzen gegenüber eine säkulare Haltung (oder auch nicht) einzunehmen, nicht nur denen gegenüber, die allgemein als solche bezeichnet werden.

Ein zweiter Vorteil, den der Standpunkt des Exilanten dem Intellektuellen bietet, ist der, daß er dazu einlädt, die Dinge nicht einfach so zu sehen, wie sie sind, sondern so, wie sie dazu geworden sind. Das heißt Situationen als kontingent, nicht als unvermeidlich anzusehen, sie als das Ergebnis einer Reihe geschichtlicher Entscheidungen von Männern und Frauen anzusehen, als von Menschen geschaffene soziale Tatsachen, und nicht als natürlich oder gottgegeben und damit unabänderlich, dauerhaft, unumkehrbar.

Das große Vorbild für diese Art intellektueller Einstellung ist der italienische Philosoph des 18. Jahrhunderts Giambattista Vico, der lange einer meiner Helden war. Seine Thesen verdanken sich wohl teilweise der Einsamkeit seiner Existenz als obskurer neapolitanischer Professor, dem es nur mit Mühe zu überleben gelang und der mit der Kirche und seiner unmittelbaren Umgebung ständig im Streit lag. Vicos große Entdeckung ist folgende: Wer die soziale Wirklichkeit verstehen will, muß sie als Prozeß begreifen, dessen Ursprung stets in äußerst bescheidenen Umständen lokalisiert werden kann. Dies bedeutet, so sagt er in seinem großen Werk *Scienza Nuova*, daß sich die Dinge von genau bestimmbaren Anfängen her entwickeln, so wie sich das erwachsene Menschenwesen vom plapperndem Kind herleitet.

Nach Vico ist dies der einzige Standpunkt, den man der säkularen Welt gegenüber einnehmen kann, die, wie er ständig wiederholt, eine geschichtliche ist, mit ihren eigenen Gesetzen und Abläufen, und keine göttlich geordnete. Für die menschliche Gesellschaft folgt daraus Achtung, nicht aber Anbetung. Die erhabene Persönlichkeit, die ehrwürdige Institution verliert ihre einschüchternde Wirkung, sobald sie von ihren Anfängen her, wie sie entsprungen sein mag, betrachtet wird. Derjenige, der stets nur ihre Größe gesehen hat, nicht aber die notgedrungen bescheideneren *menschlichen* Anfänge, von denen sie sich ableitet, ist allzuoft zu Schweigen und Unterwürfigkeit gezwungen. Der Intellektuelle im Exil ist notwendigerweise ironisch, skeptisch, sogar spielerisch – nicht jedoch zynisch.

Hat man die eigene Heimat einmal verlassen, so kann man, wo immer man ankommt, das alte Leben nicht einfach wiederaufnehmen und so tun, als sei man lediglich ein neu hinzugekommener Bürger; das bestätigt jede wirkliche Exilerfahrung. Verhält man sich dennoch so, handelt man sich eine Menge Unannehmlichkeiten ein, die den Aufwand kaum lohnen. Man kann viel Zeit damit zubringen, all das zu beweinen, was man verloren hat, und all jene um einen herum zu beneiden, die ihre Heimat und ihre Lieben nie verlassen mußten, die an den Orten leben konnten, wo sie geboren wurden und aufgewachsen sind, ohne jemals den Verlust ihres Besitzes erfahren zu haben, geschweige denn die quälende Erinnerung an ein Leben mit sich zu tragen, zu dem es kein Zurück mehr gibt. Andererseits kann es, wie Rilke einmal sagte, gerade dann einen neuen

Anfang geben, der Chancen für einen unkonventionellen Lebensstil und vor allem für einen abweichenden, häufig ziemlich exzentrischen Werdegang in sich birgt.

Für den Intellektuellen bedeuten die durch das Exil erzwungenen Veränderungen eine Befreiung vom vorgezeichneten Lebensweg, auf dem »Wohlverhalten« und das Nacheifern ehrwürdiger Vorbilder die wichtigsten Meilensteine sind. Exil bedeutet, daß man sich immer an den Rändern bewegt und sich das Handeln des Intellektuellen immer neu ausrichten muß, da es keinem vorgeschriebenen Pfad folgen kann. Wenn man in der Lage ist, dieses Schicksal nicht als Deprivation, als etwas, was zu beklagen wäre, zu erfahren, sondern als Freiheit, als einen Entdeckungsprozeß, in dessen Verlauf man Dinge tut, die den eigenen Maßstäben entsprechen, bei dem die verschiedensten Gegenstände das Interesse wecken und wo nur das besondere Ziel, das man sich selbst setzt, gilt – dann bereitet dieses Schicksal einen einzigartigen Genuß. Verdeutlichen läßt sich dies an der Odyssee des Essayisten und Historikers C.L.R. James aus Trinidad, der in der Zwischenkriegszeit als Kricketspieler nach England kam und dessen intellektuelle Autobiographie *Beyond a Boundary* eine Schilderung seines Lebens mit dem Kricket unter den Bedingungen des Kolonialismus ist. Zu seinen übrigen Werken zählt *The Black Jacobins*, eine aufwühlende historische Darstellung der von Toussaint L'Ouverture angeführten Sklavenrevolte der Schwarzen auf Haiti Ende des 18. Jahrhunderts; darüber hinaus wirkte er in Amerika als politischer Redner und Organisator; er schrieb eine Studie über Herman Melvilles *Mariners, Renegades, and Castaways*, dazu mehrere Werke über den Panafrikanismus und Dutzende Essays über Alltagskultur und Literatur. Ein exzentrischer, unsteter Lebensweg, so gar nicht das, was man heutzutage eine solide Berufskarriere nennen würde, und doch – welch ein Überfluß, welch nicht endende Selbsterforschung liegen darin beschlossen!

Die meisten von uns dürften nicht in der Lage sein, das Schicksal von Exilanten wie Adorno oder C.L.R. James in gleicher Weise zu bewältigen, nichtsdestoweniger sind sie für den heutigen Intellektuellen hochbedeutsam. Das Exil ist ein Modell für den Intellektuellen, der von den Gratifikationen für Anpassung, Jasagen und Integration in Versuchung geführt, wenn nicht sogar bedrängt und überwältigt wird. Auch wenn man kein Immigrant oder Vertriebener ist, ist es doch, trotz aller Hindernisse, möglich, als solcher zu denken, zu phantasieren, zu forschen. Es ist immer möglich, sich von den Zentralgewalten wegzubewegen – hin zu den Rändern, wo man Dinge sieht, die solche Geister, die über das Konventionelle und Komfortable nie hinausgekommen sind, nicht erkennen können.

Das Leben in der Marginalität, das unverantwortlich und frivol erscheinen mag, befreit davon, sich stets vorsichtig verhalten zu müssen, aus Angst, anderer Leute Pläne zu durchkreuzen oder Kollegen des eigenen Fachs in die Quere zu kommen. Natürlich ist niemand jemals frei von Bindungen und Gefühlen. Ich denke hier nicht an den sogenannten freischwebenden Intellektuellen, der seine technische Kompetenz zu Markte trägt. Ich behaupte jedoch, daß sich der Intellektuelle, der die Marginalität und Unbehaustheit eines wirklichen Exilanten anstrebt, dem Reisenden öffnen muß und nicht dem Potentaten, dem Provisorischen und Riskanten und nicht dem Gewöhnlichen, der Innovation und dem Experiment und nicht dem verordneten Status quo. Der *exilierte* Intellektuelle folgt nicht der Logik des Konventionellen, sondern dem Mut zur frechen Tat, er verkörpert Veränderung, Bewegung, nicht Stillstand.

Experten und Amateure

1979 VERÖFFENTLICHTE DER ebenso vielseitige wie findige
französische Intellektuelle Régis Debray eine eindringliche
Studie über das französische Kulturleben mit dem Titel *Le pou-
voir intellectuel en France*[1]. Debray war selbst einst ernsthaft in der
Linken engagiert und lehrte kurz nach der kubanischen Re-
volution von 1958 an der Universität von Havanna. Einige
Jahre später verurteilten ihn die bolivianischen Behörden wegen seiner Verbindungen zu Che Guevara zu dreißig Jahren
Haft, von denen er jedoch nur drei verbüßen mußte. Nach seiner Rückkehr nach Frankreich betätigte er sich als politischer
Publizist am Rande des Universitätsbetriebs und wurde später
Berater von Präsident Mitterand. Er hatte somit unmittelbaren
Einblick in die Beziehung zwischen Intellektuellen und Institutionen, die niemals statisch ist, sondern sich stets verändert und
mitunter eine überraschende Komplexität aufweist.

Debrays These lautet, daß zwischen 1880 und 1930 die Pari-
ser Intellektuellen hauptsächlich mit der Sorbonne verbunden

---

1 Régis Debray, *»Voltaire verhaftet man nicht«. Die Intellektuellen und die
Macht in Frankreich*, Köln-Lövenich 1981.

waren; sie waren weltliche Flüchtlinge, die sowohl vor der Kirche als auch vor dem Bonapartismus an die Sorbonne geflohen waren. In ihren Laboratorien, Bibliotheken und Hörsälen war der Intellektuelle als Professor geschützt und konnte sich in Ruhe dem Fortschritt der Wissenschaft widmen. Nach 1930 verlor die Sorbonne allmählich ihre Autorität an neu gegründete Verlagshäuser wie die Nouvelle Revue Française, wo nach Debrays Aussage die »geistige Familie«, die die Intellektuellen und ihre Verleger umfaßte, eine neue Bleibe fand. Bis Anfang der sechziger Jahre stellten Schriftsteller wie Sartre, de Beauvoir, Camus, Mauriac, Gide und Malraux in der Tat eine Gruppe von Intellektuellen dar, der ihr unabhängiges Werk, ihr Freiheitsdrang und ihr Diskurs, »der auf halbem Wege zwischen der früheren kirchlichen Feierlichkeit und der der schrillen Werbung danach liegt«[1], so wichtig gewesen war, daß sie eine Universitätslaufbahn ausgeschlagen hatten.

Nach 1968 verließen jedoch viele Intellektuelle den Schoß ihrer Verlage und wandten sich statt dessen den Massenmedien zu – als Journalisten, als Gäste oder Gastgeber von Talkshows, als Berater, Manager usw. Sie verfügten damit nicht nur über eine riesige Hörerschaft, sondern auch ihre gesamte Arbeit als Intellektuelle hing nun von ihrem Publikum ab, von der Zustimmung oder Ablehnung jener »anderen«, die zu einer gesichtslosen Masse von Konsumenten geworden waren. »Dadurch daß die Massenmedien die Empfangsmöglichkeiten immer weiter ausgedehnt haben, haben sie zugleich die intellektuellen Legitimationsquellen eingeschränkt, insofern der enge Kreis der professionellen Intelligenz, der die klassische Legitimationsquelle war, mit größeren, anspruchsloseren und damit leichter zu gewinnenden Kreisen überdeckt wurde. [...] Die Massenmedien haben die Einfriedung der traditionellen Intel-

---

1 Ebd., S. 85.

lektuellen gesprengt und damit deren Beurteilungsnormen und Wertmaßstäbe«.[1]

Debray beschreibt freilich fast ausschließlich die besondere französische Situation, das Ergebnis des Kampfes zwischen den weltlichen, imperialen und kirchlichen Kräften in der nachnapoleonischen Gesellschaft. Daher kann das Bild, das er von Frankreich zeichnet, nicht einfach auf andere Länder übertragen werden. Die größten Universitäten Englands vor dem Zweiten Weltkrieg entsprechen dieser Charakterisierung kaum. Nicht einmal Professoren aus Oxford und Cambridge dürften in der Öffentlichkeit als Intellektuelle in der französischen Bedeutung des Wortes bekannt gewesen sein. Und obwohl die britischen Verlagshäuser zwischen den beiden Weltkriegen über Macht und Einfluß verfügten, bildeten sie und ihre Autoren nicht die geistige Familie, von der Debray im Hinblick auf Frankreich spricht. Trotzdem gibt es einen wichtigen allgemeinen Gesichtspunkt: Gruppen von Individuen haben sich Institutionen angeschlossen und beziehen von ihnen Macht und Autorität. Und so wie die Institutionen an Bedeutung gewinnen oder verlieren, tun dies auch die mit ihnen verbundenen organischen Intellektuellen, um Antonio Gramscis Ausdruck zu verwenden.

Dennoch bleibt die Frage, ob es so etwas wie einen unabhängigen, selbständig handelnden Intellektuellen überhaupt gibt oder geben kann, einen Intellektuellen, der niemandem verpflichtet ist, der nicht beeinflußt wird durch seine Bindungen an Universitäten, die Gehälter zahlen, an politische Parteien, die mit der Parteilinie drohen, an Denkfabriken, die mit der Möglichkeit zur freien Forschung vielleicht nur um so subtiler das Urteilsvermögen beeinträchtigen und kritische Stimmen zum Schweigen bringen. Debray stellt fest, daß, sowie sich eine Anhängerschaft um eine Gruppe von Intellektuellen bil-

---

1 Ebd., S. 96 f. (Übersetzung leicht verändert, P. G.).

det – mit anderen Worten, das Buhlen um die Zufriedenheit des Publikums oder der Leserschaft die Auseinandersetzung mit anderen Intellektuellen ersetzt –, die Berufung des Intellektuellen gehemmt, wenn nicht gar neutralisiert wird.

Zurück zu meinem Hauptthema, der Repräsentation des Intellektuellen. Wenn wir an einen einzelnen Intellektuellen denken – und dem einzelnen gilt mein Hauptinteresse –, heben wir entweder die Individualität des Betreffenden hervor, indem wir uns sein Bild vor Augen rufen, oder wir konzentrieren uns auf die Gruppe oder Klasse, der er angehört. Davon hängen offensichtlich die Erwartungen ab, mit denen wir der Botschaft des Intellektuellen begegnen: Ist das, was wir hören oder lesen, Ausdruck einer unabhängigen Sicht, oder vertritt hier jemand die Meinung einer Regierung, einer politischen Organisation, einer Interessengruppe? Die Darstellungen des Intellektuellen aus dem 19. Jahrhundert betonen mit Vorliebe seine Individualität; häufig ist der Intellektuelle, wie Turgenjews Basarow oder James Joyces Stephen Dedalus, eine einsame, am Rande stehende Figur, die keiner gesellschaftlichen Gepflogenheit gehorcht, ein Rebell, der völlig außerhalb der etablierten Zusammenhänge steht. Angesichts der wachsenden Anzahl von Männern und Frauen, die im 20. Jahrhundert der Gruppe der sogenannten Intellektuellen angehören – Manager, Professoren, Journalisten, Computerfachleute, Regierungsexperten, Interessenvertreter, Scherpas, Kolumnisten, Berater, die gegen Honorar ihre Hilfe anbieten –, kann man sich allerdings die Frage stellen, ob es den individuellen Intellektuellen als unabhängige Stimme überhaupt gibt.

Das ist eine überaus wichtige Frage, der mit einer Mischung aus Realismus und Idealismus, sicher nicht mit Zynismus, begegnet werden muß. Ein Zyniker, sagt Oskar Wilde, ist jemand, der von allem den Preis, aber von nichts den Wert kennt. Den Intellektuellen in ihrer Gesamtheit vorzuwerfen, sie würden sich verkaufen, nur weil sie ihren Lebensunterhalt dadurch verdienen, daß sie an einer Universität oder für eine Zeitung arbeiten, ist ein gemeiner und eigentlich sinnloser Vorwurf. Zu sagen, die Welt sei so korrupt, daß letztlich jeder dem Mammon erliege, ist ein Zynismus, der sich über alle Unterschiede hinwegsetzt. Andererseits kann man auch nicht ernsthaft den einzelnen Intellektuellen zum Ideal erheben, zum strahlenden Ritter, der so rein und edel ist, daß der Verdacht, er könnte an Materiellem interessiert sein, gar nicht erst aufkommen kann. Niemand wird eine solche Prüfung bestehen, nicht einmal Joyces Stephen Dedalus, ein stolzer Idealist, der am Ende zu überhaupt nichts mehr taugt und, schlimmer noch, verstummt.

Der Intellektuelle sollte weder eine unumstrittene und verläßliche Gestalt sein wie etwa ein hilfsbereiter Techniker, noch sollte er versuchen, eine Kassandra zu sein, die zwar mit Recht unbequem war, die aber nirgends Gehör fand. Jeder Mensch wird von der Gesellschaft in Schranken gehalten, ganz gleich, wie frei und offen die Gesellschaft ist, und ganz gleich, wie eigenwillig das Individuum. In jedem Fall wird von einem Intellektuellen erwartet, daß er sich zu Wort meldet und in der Praxis Debatten und wenn möglich Kontroversen entfacht. Die Alternative ist nicht totale Ruhe oder totale Rebellion.

In den dunklen Tagen der Amtszeit Reagans veröffentlichte Russel Jacoby, ein ehemaliger amerikanischer Linksintellektueller, ein Buch, das eine große Diskussion auslöste und mit viel Beifall bedacht wurde. Es hieß *The Last Intellectuals*[1] und vertrat die nicht zu bestreitende These, daß in den Vereinigten Staaten »der nichtakademische Intellektuelle« vollständig verschwunden sei und an seiner Stelle ein Haufen ängstlicher und jargonbesessener Universitätsprofessoren sitze, dem niemand in der Gesellschaft besondere Aufmerksamkeit schenke. Jacoby hatte bei seinem Modell des Intellektuellen einige Namen und

---

1 Russel Jacoby, *The Last Intellectuals. American Culture in the Age of Academy*, New York 1987.

Gestalten im Sinn, die früher meist in Greenwich Village, dem New Yorker Äquivalent zum Quartier Latin, lebten und als New Yorker Intellektuelle bekannt waren. Die meisten von ihnen waren jüdisch, linksgerichtet (häufig jedoch antikommunistisch) und konnten vom Schreiben leben. Zur älteren Generation gehörten Edmund Wilson, Jane Jacobs, Lewis Mumford, Dwight McDonald; zur jüngeren Philip Rahv, Alfred Kazin, Irving Howe, Susan Sontag, Daniel Bell, William Barrett, Lionel Trilling. Laut Jacoby lag es an verschiedenen sozialen und politischen Faktoren der Nachkriegszeit, daß dieser Typus zum Untergang verurteilt war: die Flucht in die Vorstädte – Jacobys These ist, daß der Intellektuelle vor allem ein städtisches Geschöpf sei –; die Verantwortungslosigkeit der Beat Generation, die die Idee des »Aussteigens« und des Abschieds von gesicherten Lebensverhältnissen in die Welt setzte; die Ausweitung des Universitätssystems und der Drang der ehemaligen unabhängigen Linken auf den Campus.

Das Ergebnis ist, daß der heutige Intellektuelle wahrscheinlich meist ein wirklichkeitsfremder Literaturprofessor ist, mit einem sicheren Einkommen und ohne jedes Interesse, mit der Welt außerhalb des Hörsaals in Berührung zu kommen. Solche Leute, behauptet Jacoby, schreiben eine esoterische und unkultivierte Prosa, die in erster Linie dem akademischen Aufstieg nutzt, aber nicht dem sozialen Austausch. Mittlerweile ist durch den Einfluß der sogenannten neokonservativen Bewegung – Intellektuelle, die erst während der Reagan-Ära zu Ansehen gekommen sind, die aber vielfach einmal Linke waren, unabhängige Intellektuelle wie der Gesellschaftskritiker Irving Kristol und der Philosoph Sidney Hook – eine Unmenge neuer Zeitschriften auf den Markt gekommen, die eine offen reaktionäre oder zumindest konservative Sozialagenda propagieren (Jacoby erwähnt insbesondere die extrem rechte Vierteljahreszeitschrift *The New Criterion*). Diese Kräfte, sagt Jacoby, bemühen sich von allem um junge Schriftsteller, um mögliche intellektuelle Wortführer, die den Ton angeben könnten. Während das angesehenste intellektuelle liberale Journal in Amerika, die *New York Review of Books*, einst couragierten und radikalen jungen Schriftstellern den Weg bahnte, hat sie heute in ihrer verstaubten Anglophilie einen »bedauerlichen Rekord« aufgestellt, lieber »Oxford-Tea als New Yorker Delis« auf ihren Seiten zu versammeln. Jacoby kommt zu dem Schluß, daß die *New York Review* »jüngere amerikanische Intellektuelle niemals beachtet oder unterstützt hat. Während eines Vierteljahrhunderts hat sie die kulturellen Ressourcen genutzt, ohne je in sie zu investieren. Heute gelingt diese Operation nur noch, indem sie sich auf – hauptsächlich aus England – importiertes intellektuelles Kapital stützt.« All dies rühre »nicht vom Niedergang, sondern von der Zerstörung der alten städtischen und kulturellen Zentren«.[1]

Jacoby kommt auf die Figur des Intellektuellen zurück, den er als »eine unverbesserlich unabhängige Seele, die niemandem Antwort gibt« beschreibt. Er spricht von einer verschwundenen Generation, an deren Stelle zugeknöpfte, unverständliche Hörsaalexperten stünden, die, von Berufungskommissionen »angeheuert«, ängstlich darauf bedacht seien, den verschiedensten Gremien und Entscheidungsträgern zu gefallen. Sie versuchten sich mit akademischen Zertifikaten und gesellschaftlicher Autorität auszustatten, die nicht der Diskussion, sondern nur ihrer eigenen Reputation dienen und Außenstehende einschüchtern. Das ist ein sehr düsteres Bild, aber stimmt es auch? Sind die Gründe, die Jacoby für das Verschwinden der Intellektuellen anführt, zutreffend, oder können wir nicht doch eine genauere Diagnose stellen?

Zunächst, denke ich, ist es falsch, den Universitäten oder sogar den Vereinigten Staaten einen Vorwurf zu machen. Es gab in Frankreich unmittelbar nach dem Zweiten Weltkrieg

---

1 Ebd., S. 219 f.

eine kurze Periode, in der eine Handvoll prominenter, unabhängiger Intellektueller wie Sartre, Camus, Aron, de Bauvoir die klassische Vorstellung – nicht notwendigerweise die Realität – des Intellektuellen repräsentierten, wie sie sich von den großen, aber leider häufig mythischen Vorbildern des 19. Jahrhunderts wie Ernest Renan und Wilhelm von Humboldt herleitete. Jacoby verschweigt jedoch, daß die Tätigkeit des Intellektuellen im 20. Jahrhundert sich nicht nur in öffentlichen Diskussionen und ausgefeilter Polemik erschöpfte, wie sie von Julien Benda gefordert und von Bertrand Russell und einigen New Yorker Intellektuellen vielleicht gelebt wurde, sondern daß sie auch auf Kritik und Desillusionierung angelegt war, auf die Entlarvung falscher Propheten und die Entthronung alter Traditionen und geheiligter Namen.

Im übrigen kann ein Intellektueller sehr wohl ein Akademiker oder gegebenenfalls ein Pianist sein. Der großartige kanadische Pianist Glenn Gould (1932–1982) war ein Künstler, der während seiner ganzen Laufbahn bei großen Schallplattenfirmen unter Vertrag stand. Dies hinderte ihn nicht daran, ein geradezu bilderstürmender Neuerer und Theoretiker klassischer Musik zu sein, mit einem nicht zu überschätzenden Einfluß darauf, wie Musik heute aufgeführt und beurteilt wird. In vergleichbarer Weise haben akademische Intellektuelle – zum Beispiel Historiker – das Denken über Geschichtsschreibung, über den Bestand von Traditionen und über die Rolle der Sprache in der Gesellschaft von Grund auf verändert; man denke an Eric Hobsbawm und E. P. Thompson in England oder an Hayden White in Amerika. Ihr Werk hat außerhalb der Universität eine weite Verbreitung erfahren, obwohl es hauptsächlich in der Universität entstanden und gewachsen ist.

Was den Vorwurf gegenüber den Vereinigten Staaten anbelangt, das intellektuelle Leben besonders deformiert zu haben, so wäre zu sagen, daß heute selbst in Frankreich der Intellektuelle kein Literat oder Kaffeehaus-Philosoph mehr ist, sondern eine Gestalt angenommen hat, die sehr Unterschiedliches repräsentiert und diese Repräsentationen auf dramatisch veränderte Weise ausbildet. Wie ich schon mehrmals deutlich zu machen versuchte, stellt der Intellektuelle keine statuenhafte Ikone dar, sondern eine individuelle Berufung, eine Energie, eine unbeugsame Kraft. Er sollte sich als engagierte und identifizierbare Stimme zu den vielfältigsten Themen, die alle letzten Endes mit Aufklärung, Emanzipation und Freiheit zu tun haben, zu Wort melden. Die Erschütterung der Position des Intellektuellen, sei es in der westlichen oder in der nichtwestlichen Welt, rührt nicht von den Universitäten noch von den Vorstädten oder der erschreckenden Kommerzialisierung des Journalismus und Verlagswesens her, sondern weit mehr von einer Haltung, die ich Professionalismus nennen möchte. Unter Professionalismus verstehe ich, daß man seine Arbeit als Intellektueller als etwas begreift, womit man seinen Lebensunterhalt verdient, zwischen neun und fünf, mit einem Blick auf die Uhr und einem zweiten Blick auf das, was als korrektes professionelles Verhalten angesehen wird; daß man sich also nicht ungebührlich verhält, sich nicht über die akzeptierten Paradigmen und Grenzen hinwegsetzt, seinen Marktwert und – ganz besonders – sein Outfit im Auge hat, also harmlos, unpolitisch und »objektiv« wird.

Kehren wir zu Sartre zurück. Genau in dem Moment, wo er die Idee zu befürworten scheint, daß es dem Menschen freistehe, sein eigenes Schicksal zu wählen, sagt er auch, daß die Situation – einer von Sartres Lieblingsbegriffen – die volle Ausübung dieser Freiheit verhindern könne. Und dennoch, fügt er hinzu, wäre es falsch zu sagen, daß Milieu und Situation den Schriftsteller oder Intellektuellen einseitig bestimmten. Vielmehr müßte man von einer ständigen Wechselwirkung zwischen ihnen sprechen. In seinem 1947 veröffentlichten Credo als Intellektueller mit dem Titel *Was ist Literatur?* gebraucht Sartre eher das Wort »Schriftsteller« als »Intellektueller«, doch

77

es ist klar, daß er über die Rolle des Intellektuellen in der Gesellschaft spricht: »Ich bin Autor zunächst durch meinen freien Entschluß, zu schreiben. Aber sofort kommt hinzu: ich werde ein Mensch, den die andren Menschen als Schriftsteller betrachten, das heißt, der einer bestimmten Erwartung entsprechen muß und den man wohl oder übel mit einer bestimmten gesellschaftlichen Funktion ausstattet. Was auch immer die Partie sein wird, die er spielen will, er muß sie von der Vorstellung her spielen, die die anderen von ihm haben. Er kann die Rolle, die man dem Literaten [oder Intellektuellen] in einer gegebenen Gesellschaft zuschreibt, abwandeln wollen; aber um sie verändern zu können, muß er zunächst in sie hineinschlüpfen. Daher greift das Publikum mit seinen Sitten, seiner Weltanschauung, seiner Auffassung von der Gesellschaft und von der Literatur innerhalb der Gesellschaft ein; es umringt den Schriftsteller, es schließt ihn ein, und seine gebieterischen oder hinterhältigen Forderungen, seine Ablehnungen, seine Fluchten sind faktische Gegebenheiten, von denen her man ein Werk aufbauen kann.«[1]

Sartre sagt nicht, daß der Intellektuelle eine Art zurückgezogener Philosophenkönig sei, der als solcher zu idealisieren und zu verehren wäre. Im Gegenteil – und das ist etwas, was die heutigen Klagen über das Verschwinden der Intellektuellen übersehen –, der Intellektuelle ist nicht nur unausgesetzt den Ansprüchen seiner Gesellschaft unterworfen, sondern auch sein Status als Angehöriger einer eigenen Gruppe unterliegt ständig substantiellen Veränderungen. Indem die Kritiker der gegenwärtigen Situation unterstellen, daß der Intellektuelle Souveränität oder so etwas wie eine uneingeschränkte Autorität über das moralische und geistige Leben in einer Gesellschaft besitzen müsse, blenden sie schlichtweg aus, wieviel Energie noch unlängst dafür aufgebracht wurde, gegen Autorität Widerstand zu

---

1 Jean-Paul Sartre, *Was ist Literatur?* Reinbek bei Hamburg 1986, S. 63.

leisten oder sie sogar anzugreifen, und welch radikale Veränderungen dies für das intellektuelle Selbstverständnis bedeutete.

Auch die heutige Gesellschaft umringt den Schriftsteller, manchmal deckt sie ihn mit Preisen und Gratifikationen ein, häufig wird die intellektuelle Arbeit überhaupt herabgesetzt und lächerlich gemacht, noch häufiger wird gesagt, der wirkliche Intellektuelle solle nur ein ausgewiesener Experte in seinem Fach sein. Ich kann mich nicht erinnern, daß Sartre je vertreten hat, der Intellektuelle solle unbedingt außerhalb der Universität bleiben. Er sagte jedoch, daß der Intellektuelle nie mehr Intellektueller sei, als wenn er von der Gesellschaft eingeschlossen und tyrannisiert wird, wenn sie ihn umringt und dazu drängt, dies oder jenes zu sein, denn nur so, nur auf dieser Grundlage könne die intellektuelle Arbeit gedeihen. Als er 1964 den Nobelpreis ablehnte, handelte er exakt nach diesen Grundsätzen.

Welcher Art ist dieser Druck heutzutage? Und wie verbindet er sich mit dem, was ich Professionalismus genannt habe? Ich möchte vier Formen dieses Drucks, vier Zwänge untersuchen, von denen ich glaube, daß sie die Findigkeit und den Willen des Intellektuellen herausfordern. Keiner ist auf eine bestimmte Gesellschaft beschränkt. Doch trotz ihrer Allgegenwärtigkeit kann jeder dieser Zwänge durch das, was ich Amateurismus nenne, abgewehrt werden, das heißt durch den Wunsch, sich nicht von Vorteilen oder Lohn bewegen zu lassen, sondern von der Liebe zu den Dingen und dem nicht nachlassenden Interesse an einer Erweiterung der eigenen Sicht. Es geht darum, über alle Hindernisse und Grenzen hinweg Querverbindungen herzustellen, sich nicht auf ein Spezialgebiet festlegen zu lassen, sich um Ideen und Werte zu kümmern, trotz der Einschränkungen eines Berufs.

Spezialisierung ist der erste dieser Zwänge. Sie betrifft vor allem das heutige Erziehungssystem; in ihrer extremen Form beschränkt sie sich auf einen relativ engen Wissensbereich. Niemand kann etwas gegen Kompetenz als solche haben, wenn sie jedoch zur Folge hat, daß man alles außerhalb des unmittelbaren Arbeitsbereichs – sagen wir, frühe viktorianische Liebesgedichte – Liegende aus den Augen verliert und daß man die eigene Allgemeinbildung für einige wenige Autoritäten und kanonische Ideen opfert, ist der Preis zu hoch, den man für diese Kompetenz zu zahlen hat. Innerhalb des Literaturstudiums zum Beispiel, dem mein besonderes Interesse gilt, hat die Spezialisierung einen wachsenden fachlichen Formalismus sowie ein ständig abnehmendes historisches Verständnis dafür nach sich gezogen, wie reale Erfahrungen in die Herstellung eines literarischen Werks eingehen. Spezialisierung bedeutet, die schwere Anstrengung, die die Produktion sowohl von Kunst als auch von Wissen voraussetzt, aus den Augen zu verlieren. Infolgedessen wird Wissen und Kunst nicht mehr als Ergebnis von Wahlen und Entscheidungen, Engagements und Anpassungen, sondern nur noch in den Begriffen unpersönlicher Theorien oder Methodologien gesehen. Spezialist für Literatur zu sein bedeutet allzu häufig, Geschichte, Musik oder Politik zu vernachlässigen. Zuletzt wird man als ausschließlich auf Literatur spezialisierter Intellektueller zahm und akzeptiert nur noch, was die sogenannten Fachkapazitäten zulassen. Spezialisierung tötet zudem den Sinn für Begeisterung und Entdeckerfreude, beides Eigenschaften, die unverzichtbar zur Ausstattung des Intellektuellen gehören. Im Grunde ist Spezialisierung, dieses Gefühl hatte ich schon immer, ein Zeichen für Faulheit: man tut, was andere von einem verlangen – worin ja auch die ganze Spezialisierung besteht.

Wenn Spezialisierung so etwas wie ein allgemeiner instrumenteller Zwang ist, der allen Erziehungssystemen, wo auch immer, innewohnt, so sind Expertenwissen und der Kult um den ausgewiesenen Experten Zwänge, die erst in der Nachkriegszeit aufgekommen sind. Experte ist man nur, wenn dies von Fachautoritäten beglaubigt worden ist; sie leiten einen an, die richtige Sprache zu sprechen, die maßgeblichen Autoren zu zitieren, sich auf das richtige Gebiet zu konzentrieren. Dies gilt besonders dann, wenn es sich um ein sensibles und/oder gewinnträchtiges Wissensgebiet handelt. Noch vor kurzem tobte eine heftige Diskussion um etwas, das »political correctness« genannt wurde, ein heimtückischer Begriff, der humanistisch gesinnten Akademikern angehängt wurde, die, so die häufig wiederholte Unterstellung, die Unabhängigkeit ihres Denkens Normen geopfert hätten, die selbst nur die Ausgeburt einer linken Verschwörung seien. Diese Normen reagierten übersensibel auf Rassismus, Sexismus und ähnliches und verhinderten, Diskussionen »offen« zu führen.

Tatsache ist, daß diese Kampagne gegen »political correctness« von verschiedenen Konservativen und anderen Verfechtern der Familienwerte angeführt wurde. Obwohl manche ihrer Argumente nicht unbegründet sind – namentlich wenn sie die pure Gedankenlosigkeit leerer Phrasen aufspießen –, so übersieht ihre Kampagne doch völlig die erstaunliche Konformität und politische Korrektheit, wo es etwa um Militär, um nationale Sicherheit, Außen- und Wirtschaftspolitik geht. In den ersten Nachkriegsjahren wurde zum Beispiel in bezug auf die Sowjetunion gefordert, die Prämissen des Kalten Kriegs, das absolut Böse der Sowjetunion usw., unhinterfragt zu akzeptieren. Während einer wesentlich längeren Periode, ungefähr von 1945 bis 1975, war es offizielle amerikanische Doktrin, daß Freiheit in der Dritten Welt schlicht Freiheit vom Kommunismus bedeute. Diese Vorstellung herrschte praktisch unangefochten. Parallel dazu entstand ein Entwicklungskonzept, das von einer Unzahl von Soziologen, Anthropologen, Politologen und Ökonomen ausgearbeitet wurde. »Entwicklung«, hieß es, sei erstens kein ideologisches, vom Westen übernommenes Konzept und impliziere zweitens ökonomischen Aufschwung, Modernisierung, Antikommunismus und das Bündnis der jeweiligen politischen Führer mit den Vereinigten Staaten.

Bei den Vereinigten Staaten und einigen ihrer Alliierten wie Großbritannien und Frankreich führte dieses Verständnis von Verteidigung und Sicherheit häufig zu nichts anderem als Großmachtpolitik. Durch die Wahl ihrer Mittel – gesteuerte Aufstände und eine unnachgiebige Opposition gegen die jeweiligen Nationalismen (die stets verdächtigt wurden, dem Kommunismus und der Sowjetunion nachzugeben) – handelten sie sich jedoch ungeheure Niederlagen ein: kostspielige Kriege und Invasionen (wie Vietnam), indirekte Unterstützung von Invasionen und Massakern (von westlichen Alliierten wie Indonesien, El Salvador und Israel), abhängige Regierungen mit grotesk aufgeblähten Ökonomien. Wer hiermit nicht übereinstimmte, geriet mit einem kontrollierten Markt für Expertenwissen in Konflikt, der darauf ausgerichtet ist, dem nationalen Interesse zu dienen. War man zum Beispiel kein durch das amerikanische Universitätssystem geprägter Politikwissenschaftler mit einem gesunden Respekt vor Entwicklungstheorie und nationaler Sicherheit, wurde man zu keinen Vorträgen eingeladen, in einigen Fällen nicht einmal zugelassen, sondern unter dem Vorwand mangelnden Fachwissens abgelehnt.

»Expertenwissen« hat letzten Endes ziemlich wenig mit Wissen zu tun. Ein Teil des von Noam Chomsky zusammengetragenen Materials über den Vietnamkrieg ist, was Umfang und Genauigkeit angeht, schlagkräftiger als vergleichbare Schriften ausgewiesener Experten. Chomsky schob jedoch die rituell eingesetzten patriotischen Floskeln beiseite – einschließlich der Vorstellung, »wir« kämen unseren Alliierten zu Hilfe oder »wir« verteidigten die Freiheit gegen eine von Moskau oder Peking unterstützte Machtübernahme – und kam auf die wirklichen Motive, die dem Verhalten der Vereinigten Staaten zugrunde lagen, zu sprechen. Demgegenüber umgingen die beglaubigten Experten, die als Berater des State Department oder als Mitarbeiter der Rand Corporation berufen werden wollten, diesen Bereich, wo sie nur konnten. Chomsky erzählte einmal die Geschichte, wie er als Linguist von Mathematikern eingeladen worden war, über seine Theorien zu sprechen, und wie er mit höflichem Interesse empfangen wurde, trotz seiner relativen Unkenntnis des mathematischen Fachjargons. Als er jedoch bei einer anderen Gelegenheit die amerikanische Außenpolitik von einem gegnerischen Standpunkt aus darstellen wollte, versuchten die anerkannten Experten für Außenpolitik ihn unter Hinweis auf sein mangelndes Fachwissen in Sachen Außenpolitik am Sprechen zu hindern. Man hatte wenig gegen seine Argumente vorzubringen, nur den Vorbehalt, daß er außerhalb des akzeptierten Diskussionsrahmens stehe und den allgemeinen Konsens nicht teile.

Der dritte Zwang, der vom Professionalismus ausgeht, ist die unvermeidliche Annäherung an Macht und Autorität, an ihre Forderungen und Vorrechte, bis hin zu dem Wunsch, direkt in ihren Dienst zu treten. Es ist bestürzend, in welchem Ausmaß in den Vereinigten Staaten die Fragen der nationalen Sicherheit – in der Zeit, als sie mit der Sowjetunion um die Welthegemonie kämpften – die Prioritäten der universitären Forschung bestimmten. Eine ähnliche Situation herrschte zwar auch in der Sowjetunion, doch niemand im Westen machte sich irgendwelche Illusionen über die *dortige* freie Forschung. Wir dagegen begreifen erst jetzt, was es bedeutet, daß das amerikanische Außen- und Verteidigungsministerium den Universitäten mehr Geld für wissenschaftliche und technologische Forschung bereitstellte als irgendein anderer privater Geldgeber: dies gilt in besonderem Maße für das MIT und Stanford, die über Jahrzehnte hinweg die größten Summen erhielten.

Gleichzeitig wurden aus denselben Gründen die Sozialwissenschaften und sogar ganze geisteswissenschaftliche Abteilungen von der Regierung finanziert. Vergleichbares kommt natürlich in allen Gesellschaften vor, doch in den Vereinigten Staaten war es besonders auffällig, weil die Ergebnisse einiger Antiguerilla-Forschungsprojekte, die zur Unterstützung der Polizei in der Dritten Welt – hauptsächlich in Südostasien, Lateinamerika und dem Mittleren Osten – initiiert worden waren, direkt für verdeckte Aktivitäten, Sabotageakte und sogar offenen Krieg verwendet wurden. Die Fragen der Moral und Gerechtigkeit wurden zurückgestellt, so daß die Verträge eingehalten werden konnten. Man denke an das bekannte Camelot-Projekt, das ab 1964 von Sozialwissenschaftlern für die Armee durchgeführt wurde und nicht nur den Zusammenbruch verschiedener Gesellschaften auf der ganzen Welt untersuchte, sondern auch, wie er zu verhindern wäre.

Doch das ist nicht alles. Zentralistische Kräfte in der amerikanischen Gesellschaft wie die Republikanische und die Demokratische Partei, Interessenverbände der Industrie, etwa der Waffenfabrikanten, der Öl- und Tabakindustrie, große Stiftungen wie die der Rockefellers, der Fords oder der Mellons beschäftigen durchgängig akademische Fachkräfte, um Forschungs- und Studienprogramme ausarbeiten zu lassen, die sowohl kommerziellen wie politischen Intentionen dienen. Von Denkfabriken werden Studiengelder und Forschungsstipendien angeboten, Freisemester und Publikationszuschüsse, ebenso wie berufliche Förderung und Anerkennung. Dies gilt natürlich in einer freien Marktwirtschaft als normales Verhalten und kommt genauso in ganz Europa und im Fernen Osten vor.

Alles an diesem System ist in sich stimmig und entspricht den Maßstäben des Wettbewerbs und den Anforderungen der Marktwirtschaft, die das Verhalten in einer liberalen und demokratischen Gesellschaft unter den Bedingungen des fortgeschrittenen Kapitalismus regeln. Wir haben eine Menge Zeit damit zugebracht, uns über die Einschränkungen des Denkens und der intellektuellen Freiheit in totalitären Regierungssystemen zu beunruhigen. Die Beschädigungen, die dem einzelnen Intellektuellen durch ein System zugefügt werden, das intellektuelle Konformität ebenso belohnt wie freiwillige Unterordnung unter Ziele, die nicht von der Wissenschaft, sondern von der Regierung gesetzt werden, haben wir indes kaum beachtet. Forschung und Anerkennung sind zum Zwecke der Vergrößerung oder Sicherung der Marktanteile einer Kontrolle unterworfen.

Mit anderen Worten, der Raum für individuelle und subjektive intellektuelle Vorstellungen ist dramatisch geschrumpft; Fragen zu stellen, den Sinn eines Krieges oder eines ungeheueren Sozialprogramms mit seinen vertraglichen Bindungen und Gratifikationen anzuzweifeln, ist ungeheuer schwierig geworden. Noch vor hundert Jahren konnte Stephen Dedalus sagen, daß es seine Pflicht als Intellektueller sei, keiner Macht oder Autorität zu dienen. Wir sollten uns dennoch nicht nostalgisch nach einer Zeit zurücksehnen, in der die Universitäten nicht so groß waren und die Möglichkeiten nicht so vielseitig. Meiner Meinung nach bieten die westlichen Universitäten dem Intellektuellen nach wie vor einen quasi utopischen Raum, in dem das Denken und die Forschung sich trotz neuer Einschränkungen und Zwänge entfalten können.

Das Problem für den Intellektuellen liegt daher vor allem darin, mit den Auswirkungen der modernen Professionalisierung, wie ich sie erörtert habe, zurechtzukommen. Es hat keinen Sinn, ihre Existenz oder ihren Einfluß zu leugnen, sondern es geht darum, andere Werte und Prärogative zu vertreten. Diese möchte ich unter dem Namen *Amateurismus* zusammenfassen, was dem Buchstaben nach eine Tätigkeit bedeutet, die sich eher der Sorge und Zuneigung verdankt als dem Interesse an Profit und selbstbezogener Spezialisierung.

Der Intellektuelle heutzutage sollte ein Amateur sein, jemand, der der Meinung ist, daß man als denkendes Mitglied einer Gesellschaft das Recht hat, selbst bei einer ausschließlich technischen und hochprofessionalisierten Tätigkeit moralische Anliegen zur Sprache zu bringen. Sie können das eigene Land, Fragen der Machtausübung und des Umgangs mit den

Bürgern wie auch mit anderen Gesellschaften betreffen. Zudem kann der Intellektuelle als Amateur die professionelle Routine, in der die meisten von uns gefangen sind, durchbrechen und in etwas viel Lebendigeres und Radikaleres verwandeln; statt einfach zu tun, was man tun sollte, kann man sich fragen, warum man es tut, wem es nützt, wie es mit einer persönlichen Intention und neuen Gedanken in Verbindung gebracht werden kann.

Jeder Intellektuelle hat ein Publikum und eine Leserschaft. Die Frage ist, ob dieses Publikum dazu da ist, befriedigt, das heißt als Kunde zufriedengestellt zu werden, oder ob es herausgefordert, das heißt zu offener Opposition ermuntert oder zu größerer demokratischer Teilnahme an der Gesellschaft mobilisiert werden soll. In beiden Fällen kommt man um Autorität und Macht nicht herum. Der Intellektuelle steht in einem Verhältnis zu beidem: Entweder tritt er der Autorität als professioneller Bittsteller entgegen oder als ihr unbelohntes amateurhaftes Gewissen.

Wahrheit und Macht

DAS PROBLEM DER Spezialisierung und Professionalisierung soll uns noch etwas länger beschäftigen, ebenso das Verhältnis des Intellektuellen zu Macht und Autorität. Mitte der sechziger Jahre, kurz bevor sich die Opposition gegen den Vietnamkrieg in voller Breite entfaltete, kam an der Columbia University ein älterer Student auf mich zu und bat mich um die Zulassung zu einem Seminar mit beschränkter Teilnehmerzahl. Er stellte sich als Kriegsveteran vor und erklärte, er habe in der Luftwaffe gedient. In der darauffolgenden Unterhaltung bot er mir einen faszinierend schaurigen Einblick in die Mentalität des Profis, dessen Vokabular, mit dem er seine Arbeit beschrieb, reiner Insider-Slang war. Ich werde niemals den Schock vergessen, den ich empfand, als er auf meine beharrliche Frage »Was machten Sie genau bei der Luftwaffe?« antwortete: »Target acquisition«. Ich brauchte einige Minuten, um herauszubekommen, daß er Bomberpilot gewesen war, dessen Job nun einmal darin bestand, Bomben abzuwerfen. Diesen Umstand kleidete er jedoch in einen Berufsjargon, der nichts anderes bezwecken sollte, als seine unzweideutigen Handlungen zu kaschieren und zu mystifizieren. Ich ließ ihn an dem Seminar teilnehmen – vielleicht weil ich dachte, ihn im Auge behalten und überreden zu können, diesen schrecklichen Jargon aufzugeben. Auch eine Art »target acquisition«.

Allgemein gesprochen, sehen Intellektuelle, die an der politischen Entscheidungsfindung beteiligt sind und in diesem Zusammenhang über Stellenbesetzungen und die Vergabe von Hilfstätigkeiten, Stipendien und Promotionsthemen zu befinden haben, Personen, die sich nicht professionell einordnen können und zunehmend von einer Aura des Unfriedens und der Kooperationsverweigerung umgeben sind, nicht besonders gerne. Wenn ein Auftrag zu erledigen ist – die eigene Forschergruppe soll zum Beispiel bis zur nächsten Woche dem Verteidigungs- oder Außenministerium eine Situationsanalyse über Bosnien liefern –, braucht man Leute um sich, die loyal sind, die von den gleichen Annahmen ausgehen und dieselbe Sprache sprechen. Eine berufliche Stellung dieser Art, in der man hauptsächlich der Macht dient und von ihr unterhalten wird, steht jedoch der Ausübung jenes kritischen und relativ unabhängigen Analyse- und Urteilsvermögens geradezu entgegen, die in meinen Augen den Beitrag des Intellektuellen ausmachen sollte. Mit anderen Worten, der eigentliche Intellektuelle ist weder ein Funktionär noch ein Angestellter, der sich uneingeschränkt den politischen Zielen einer Regierung, eines großen Interessenverbandes oder auch nur einer Gruppe gleichgesinnter Berufskollegen unterordnet. In solchen Situationen sind die Versuchungen, das eigene Moralempfinden außer Kraft zu setzen, nur fachspezifische Gesichtspunkte gelten zu lassen oder den Skeptizismus der Konformität zu opfern, viel zu groß, als daß man sich ihnen überlassen könnte. Viele Intellektuelle erliegen diesen Versuchungen, und in einem gewissen Ausmaß erliegen wir ihnen alle. Niemand ist völlig unabhängig, nicht einmal die größten freien Geister.

Ich erwähnte bereits, daß zur Aufrechterhaltung der intellektuellen Unabhängigkeit die Haltung des Amateurs vorteilhafter ist als die des Experten. Aber lassen Sie mich ein paar persönliche Anmerkungen machen. Erstens heißt Amateurismus, sich eher für die Risiken und die Ungewißheit der öffentlichen Sphäre zu entscheiden – eine Vorlesung, ein Buch oder ein Artikel in einer weiten und uneingeschränkten Verbreitung – als für den von Experten kontrollierten Raum der Insider. In den letzten zwei Jahren erhielt ich mehrmals von den Medien Angebote, gegen Honorar Beraterfunktionen zu übernehmen. Ich lehnte jedesmal ab, einfach deswegen, weil ich mich damit an einen Fernsehsender oder eine Zeitung gebunden hätte und der dort geltenden politischen Sprache und der jeweiligen Programmpolitik verpflichtet gewesen wäre. Entsprechend hatte ich auch nie Interesse an einer bezahlten Beratertätigkeit für die Regierung, bei der man nie weiß, wofür die eigenen Ideen später benutzt werden. Zweitens ist es ein großer Unterschied, ob man von einer Universität eingeladen wird, eine öffentliche Vorlesung zu halten, oder ob man nur vor einem kleinen, geschlossenen Zirkel von Regierungsbeauftragten sprechen soll. Deswegen habe ich die Einladungen zu Universitätsvorlesungen immer angenommen, die anderen aber abgelehnt. Und drittens habe ich, um politischer zu werden, wann immer ich von einer palästinensischen Gruppe um Unterstützung gebeten wurde oder von einer südafrikanischen Universität eingeladen wurde, zu kommen und gegen die Apartheid und für akademische Freiheit zu sprechen, selbstverständlich zugesagt.

Letztlich werde ich von den Problemen und Ideen bewegt, die ich unterstütze, weil sie den Werten und Grundsätzen entsprechen, an die ich glaube. Ich fühle mich durch meine akademische Ausbildung als Literaturwissenschaftler in keiner Weise eingeengt und halte mich auch nicht aus öffentlichen Angelegenheiten heraus, nur weil ich allein für den Unterricht moderner europäischer und amerikanischer Literatur qualifiziert bin. Ich spreche und schreibe außerhalb der Universität über sehr unterschiedliche Themen, da ich mich als überzeugter Amateur immer wieder von Dingen anregen lasse, die deutlich über die Grenzen meiner beruflichen Orientierung hinausgehen. Natürlich gebe ich mir alle Mühe, ein neues und größeres Publikum für meine Ansichten zu erreichen.

Doch worum geht es dem Amateur bei seinen Ausflügen in die öffentliche Sphäre? Wird der Intellektuelle zu einer intellektuellen Handlung durch ursprüngliche, lokale, instinktive Loyalitäten – die eigene Rasse, das eigene Volk, die eigene Religion – veranlaßt, oder gibt es universellere und rationalere Prinzipien, die Regeln, wie man spricht und schreibt? Tatsächlich stelle ich hier *die* Grundfrage für den Intellektuellen: Wie sagt man die Wahrheit? Welche Wahrheit? Für wen und wo?

Wir müssen unserer Antwort die Feststellung vorausschikken, daß es kein System, kein methodisches Vorgehen gibt, das so umfassend und sicher wäre, daß es dem Intellektuellen direkte Antworten auf diese Fragen lieferte. In der säkularen Welt – unserer auf menschlicher Anstrengung beruhenden historischen und sozialen Welt – hat der Intellektuelle nur säkulare Mittel, mit denen er arbeiten kann; Offenbarung und Inspiration, zur Verständigung im Privaten ausgesprochen geeignet, sind eine Katastrophe, ja barbarisch, wenn sie für theoretische Anliegen in Anspruch genommen werden. Ich würde sogar sagen, daß der Intellektuelle zeit seines Lebens keinem Disput mit all den Hütern heiliger Visionen oder heiliger Texte aus dem Weg gehen darf, deren Verwüstungen Legion sind und die erbarmungslos weder Widerspruch dulden noch Unterschiede gelten lassen. Uneingeschränkte Meinungs- und Redefreiheit sind die Hauptbastion des weltlichen Intellektuellen: ihre Verteidigung aufzugeben oder ihre Grundlagen antasten zu lassen heißt in der Tat, die Berufung des Intellektuellen zu verraten. Deshalb war die Verteidigung von Salman Rushdies *Satanischen Versen* von so zentraler Bedeutung, sowohl für seinen eigenen Schutz als auch im Hinblick auf jeden anderen

Verstoß gegen die Meinungsfreiheit von Journalisten, Schriftstellern, Essayisten, Dichtern und Historikern.

Das ist nicht nur ein Problem für die Intellektuellen in der islamischen Welt, sondern auch für die in der christlichen und jüdischen Welt. Die Einhaltung der Meinungsfreiheit kann nicht in der einen Region überwacht und in den anderen sich selbst überlassen werden. Denn mit Autoritäten, die das weltliche Recht dazu beanspruchen, göttliche Erlasse zu verteidigen, kann es, ganz gleich, wo sie angesiedelt sind, keine Diskussion geben. Dagegen ist für den Intellektuellen die Diskussion Kern seiner Tätigkeit, sie ist Bühne und Schauplatz einer Handlung, der keine Offenbarung zu Hilfe kommt. Nun sind wir wieder dort, wo wir angefangen haben: Welche Wahrheit, welche Grundsätze sollten verteidigt, hochgehalten, repräsentiert werden? Das ist keine Frage, die man guten Gewissens unbeantwortet lassen kann. Ihr muß vielmehr als erstes nachgegangen werden, will man in Erfahrung bringen, wo heutzutage der Ort des Intellektuellen ist und in welch hinterhältigem, unerforschtem Minenfeld er sich bewegt.

Ausgangspunkt soll die mittlerweile äußerst umstrittene Frage der Objektivität, der Verläßlichkeit des Faktischen sein. 1988 veröffentlichte der amerikanische Historiker Peter Novick einen umfangreichen Band, dessen Titel das Dilemma exemplarisch zum Ausdruck bringt. Er lautet *That Noble Dream* und führt den Untertitel *The »Objectivity Question« and the American Historical Professor.* Novick stützt sich auf die Geschichtsschreibung der Vereinigten Staaten der letzten hundert Jahre und zeigt, wie sich das Herz der historischen Forschung – das Ideal der Objektivität, wonach der Historiker die Tatsachen so realistisch und genau wie möglich wiedergeben soll – allmählich in einen Morast widerstreitender Forderungen verwandelte, der den letzten Anschein von Übereinstimmung unter den Historikern zunichte machte. Objektivität wurde zum bloßen Feigenblatt, und häufig war sie nicht einmal mehr das.

Objektivität mußte in Kriegszeiten als »unsere«, das heißt als amerikanische, der faschistischen deutschen widerstreitende Wahrheit herhalten; in Friedenszeiten als Wahrheit der verschiedenen konkurrierenden Gruppen – Frauen, Afroamerikaner, asiatische Amerikaner, Schwule, Weiße usw. – und Schulen – Marxisten, Orthodoxe, Dekonstruktivisten, Kulturalisten. Welche Übereinstimmung, fragt Novick, kann es angesichts eines solchen Gewirrs von Wissen überhaupt noch geben, und er schließt mit der düsteren Feststellung, »als große Diskursgemeinschaft, als Gemeinschaft von Gelehrten, die gemeinsame Ziele, gemeinsame Maßstäbe und gemeinsame Absichten eint, hat die Geschichtswissenschaft zu existieren aufgehört. [...] Dem Geschichtswissenschaftler ergeht es, wie in den letzten Versen im Buch der Richter beschrieben: In jenen Tagen gab es keinen König in Israel, jeder tat, was er für richtig hielt.«[1]

Wie ich bereits bemerkte, bestand eine der intellektuellen Hauptaktivitäten unseres Jahrhunderts darin, Autorität in Frage zu stellen, ja zu untergraben. In diesem Sinne können wir ergänzend zu Novicks Befunden feststellen, daß nicht nur der Konsens darüber, was objektive Realität sei, verschwunden ist, sondern zugleich viele traditionelle Autoritäten, einschließlich der Vorstellung von Gott, hinweggefegt wurden. Es gab sogar eine einflußreiche Schule von Philosophen, zu denen in vorderster Front Michel Foucault gehörte, die bereits den Tatbestand, von einem Autor zu sprechen, als eine höchst tendenziöse, um nicht zu sagen ideologische Übertreibung ansahen.

Es hat keinen Sinn, angesichts dieses gewaltigen Angriffs händeringend die eigene Schwäche zu beklagen oder krampfhaft an traditionellen Werten festzuhalten, wie dies die weltweite neokonservative Bewegung tut. Meines Erachtens hat die

---

1 Peter Novick, *That Noble Dream. The »Objectivity Question« and the American Historical Professor*, Cambridge 1988, S. 628.

Kritik an Objektivität und Autorität einen positiven Dienst geleistet. Sie hat deutlich gemacht, wie die Menschen in der säkularen Welt ihre Wahrheiten konstruieren und daß zum Beispiel die sogenannte objektive Wahrheit der Überlegenheit der Weißen, die von den klassischen europäischen Kolonialreichen aufgestellt und aufrechterhalten wurde, auf der gewaltsamen Unterwerfung afrikanischer und asiatischer Völker beruht. Die wiederum haben diese partikulare, aufgezwungene »Wahrheit« bekämpft, um selbst eine unabhängige Ordnung zu errichten. Daher werden wir heutzutage mit einer Unzahl neuer und häufig sich heftig widersprechender Weltanschauungen konfrontiert: man hört unablässig von jüdisch-christlichen Werten, afrozentrischen Werten, muslimischen Wahrheiten, östlichen Wahrheiten, westlichen Wahrheiten, und jede führt ein vollständiges Programm mit sich, das alle anderen ausschließt. Es gibt heute mehr Intoleranz und Anmaßung auf der Welt, als irgendein System aushalten kann.

Das Ergebnis ist die nahezu vollständige Abwesenheit universaler Werte, wenngleich sehr oft rhetorisch behauptet wird, daß die eigenen Werte tatsächlich universal seien. Einer der schäbigsten intellektuellen Schachzüge besteht darin, sich über die Mißbräuche einer anderen Kultur zu verbreiten und genau die gleichen Praktiken in der eigenen Kultur zu entschuldigen. Das klassische Beispiel hierfür ist in meinen Augen der brillante französische Intellektuelle Alexis de Tocqueville aus dem 19. Jahrhundert, der für viele von uns, die im Glauben an die klassischen liberalen und westlichen demokratischen Werte erzogen wurden, diese Werte geradezu mustergültig repräsentierte. Tocqueville hatte in seiner Untersuchung über die Demokratie in Amerika die Mißhandlung der Indianer und schwarzen Sklaven durch die Amerikaner scharf kritisiert. Später befaßte er sich mit der französischen Kolonialpolitik in Algerien während der dreißiger und vierziger Jahre des 19. Jahrhunderts, wo die französische Besatzungsarmee unter Marschall

Bugeaud einen verheerenden Befriedungskrieg gegen die algerischen Muslime führte. Und siehe da, plötzlich haben die Normen, in deren Namen Tocqueville gegen die amerikanischen Übergriffe Einspruch erhob, für die französischen Aktionen keine Geltung mehr. Nicht, daß er dies nicht begründet, aber es sind doch nur schwache Entschuldigungen, deren Ziel es ist, den französischen Kolonialismus im Namen dessen, was er Nationalstolz nennt, freizusprechen. Massaker lassen ihn unberührt; Muslime, sagt er, gehören einer niedrigen Religion an und müssen diszipliniert werden. Kurzum, der scheinbare Universalismus seiner Sprache gegenüber Amerika wird negiert, absichtlich negiert, wo es um das eigene Land geht, sogar wo sein eigenes Land Frankreich eine vergleichbare inhumane Politik verfolgt.[1]

Freilich muß man hinzufügen, daß Tocqueville (und auch John Stuart Mill, der sagte, daß sich seine empfehlenswerten Vorstellungen über demokratische Freiheiten in England auf Indien nicht anwenden ließen) zu einer Zeit lebte, in der die Idee einer universellen Norm für internationales Verhalten das Recht der europäischen Mächte und der europäischen Vorstellungen meinte, andere Völker zu beherrschen. So selbstverständlich wurden die nichtweißen Völker der Welt als wertlos und zweitrangig angesehen. Nebenbei bemerkt, gab es für die »Westler« des 19. Jahrhunderts keine unabhängigen afrikanischen und asiatischen Völker von Bedeutung, die sich der drakonischen Brutalität der Gesetze hätten widersetzen können. Die Kolonialarmeen wandten sie ungehindert auf die schwarz- oder braunhäutigen Rassen an. Ihr Schicksal war es, beherrscht zu werden. Frantz Fanon, Aimé Césaire und C. L. R. James, um nur drei große antiimperialistische schwarze Intellektuelle zu nennen, lebten und schrieben erst im 20. Jahrhundert, so daß

---

1 Ich habe den imperialen Kontext dieser Politik detailliert in *Kultur und Imperialismus* behandelt, Frankfurt a.M. 1994, S. 235–256.

Tocqueville und Mill die Fortschritte, die sie und die Befreiungsbewegungen, denen sie angehörten, kulturell und politisch erreichten, indem sie das Recht der kolonialisierten Völker auf Gleichbehandlung begründeten, noch nicht kennen konnten. Diese veränderten Perspektiven stehen erst den heutigen Intellektuellen zur Verfügung. Die zwingende Schlußfolgerung, daß menschliche Grundrechte für alle gelten müssen, wird dennoch nicht eben häufig gezogen. Man kann sie nicht nur selektiv für das Volk einklagen, das die eigene Seite, die eigene Kultur, die eigene Nation für würdig erachtet.

Das grundsätzliche Problem besteht also darin, wie man die eigene Identität und die Gegebenheiten der eigenen Kultur, Gesellschaft und Geschichte mit der Wirklichkeit anderer Identitäten, Kulturen und Völker aussöhnt. Dies kann in keinem Fall einfach dadurch geschehen, daß man den Präferenzen für das immer schon Eigene nachgibt. Schwülstige Reden über die Herrlichkeit »unserer« Kultur oder die siegreichen Höhepunkte »unserer« Geschichte lohnen den intellektuellen Aufwand nicht, besonders heute nicht, wo so viele Gesellschaften sich aus den unterschiedlichsten Rassen und Milieus zusammensetzen, so daß jede vereinfachende Formel fehl ginge. Wie ich zu zeigen versucht habe, ist die Öffentlichkeit, in der Intellektuelle ihre Vorstellungen zur Geltung bringen, äußerst komplex und bringt Unbequemlichkeiten mit sich. Dennoch muß die Bedeutung eines wirkungsvollen Eingreifens in diesem Bereich auf der unumstößlichen Überzeugung des Intellektuellen von Gerechtigkeit und Fairneß beruhen, der Differenzen zwischen Nationen und Individuen zuläßt, ohne sie heimlichen Hierarchien, Präferenzen und Wertungen zuzuordnen. Jeder bedient sich heutzutage einer liberalen Sprache von Gleichheit und umfassender Harmonie. Diese Begriffe muß der Intellektuelle auf aktuelle Situationen beziehen, wo es zwischen dem Bekenntnis zu Gleichheit und Gerechtigkeit einerseits und der recht unerbaulichen Wirklichkeit andererseits eine unübersehbare Kluft gibt.

Am einfachsten ist dies am Beispiel der internationalen Beziehungen darzulegen, was der Grund dafür ist, daß ich sie immer wieder heranziehe. Einige Beispiele sollen verdeutlichen, was ich meine. Unmittelbar nach dem unrechtmäßigen Überfall Iraks auf Kuwait konzentrierte sich die Diskussion im Westen zu Recht auf die Unannehmbarkeit der Aggression, die mit extremer Brutalität die Existenz Kuwaits auszulöschen suchte. Als klar wurde, daß die Amerikaner tatsächlich beabsichtigten, mit militärischer Gewalt gegen den Irak vorzugehen, unterstützte die öffentliche Meinung die Verhandlungen bei den Vereinten Nationen, die mit dem Ziel geführt wurden – auf der Grundlage der UN-Charta –, Sanktionen und den möglichen Einsatz von Gewalt gegen den Irak zu beschließen. Von den wenigen Intellektuellen, die sowohl gegen den irakischen Einmarsch als auch gegen den daraus folgenden Einsatz der amerikanischen Streitkräfte bei der »Operation Wüstensturm« protestierten, unternahm meines Wissens kein einziger den Versuch, den Irak wegen des Überfalls zu entschuldigen.

Damals wurde jedoch zu Recht bemerkt, wie sehr es die amerikanische Position gegenüber dem Irak schwächte, daß die Bush-Administration mit ihrer ungeheuren Macht die UN regelrecht in den Krieg hineintrieb und gleichzeitig die zahllosen Möglichkeiten einer Verhandlungslösung vor dem 15. Januar, dem Beginn der Gegenoffensive, ausschlug. Hinzu kam, daß sie es ablehnte, andere UN-Resolutionen über unrechtmäßige Gebietsbesetzungen und Invasionen zu diskutieren, in die die Vereinigten Staaten selbst und einige ihrer Alliierten verwickelt waren. Natürlich ging es den USA am Golf in Wirklichkeit um Öl und strategische Macht und nicht um die von der Bush-Administration verkündeten Grundsätze. Woran jedoch die gesamte intellektuelle Diskussion krankte, die immer wieder auf die Unzulässigkeit einer durch einseitige Waffengewalt herbeigeführten Besetzung eines Landes zurückkam, war das Fehlen einer allgemeinen Anwendung dieser Kritik. Vielen amerikanischen Intellektuellen, die den Krieg unterstützten, erschien es nicht als relevant, daß die USA selbst kurz zuvor in dem souveränen Staat Panama einmarschiert waren und ihn eine Zeitlang besetzt gehalten hatten. Wenn man den Irak kritisierte, so folgte doch daraus, daß die USA die gleiche Kritik verdienten. Aber nein: »unsere« Motive waren höher, Saddam war schließlich ein neuer Hitler, »wir« wurden von durchweg altruistischen und uneigennützigen Motiven geleitet, und folglich war dies ein gerechter Krieg.

Der sowjetische Einmarsch in Afghanistan war genauso unannehmbar und zu verurteilen. Aber hatten nicht amerikanische Alliierte wie Israel und die Türkei unrechtmäßig besetzte Gebiete, lange bevor die Russen in Afghanistan einfielen? Ein anderer Alliierter, Indonesien, metzelte buchstäblich Hunderttausende Timoresen bei einer unrechtmäßigen Invasion Mitte der siebziger Jahre nieder. Alles deutet darauf hin, daß die USA von den Greueltaten des Kriegs in Osttimor wußten und ihn unterstützten, doch nur wenige amerikanische Intellektuelle, wie immer mit den Verbrechen der Sowjetunion beschäftigt, äußerten sich dazu.[1] Und dann gab es, etwas früher, die ungeheure amerikanische Invasion in Indochina, dieses bestürzende Zeugnis purer Zerstörungswut, die an kleinen, hauptsächlich bäuerlichen Gesellschaften ausgelassen wurde. Das Prinzip scheint hier gewesen zu sein, die professionellen Experten für Außen- und Militärpolitik daran arbeiten zu lassen, einen Krieg gegen die anderen Supermacht und ihre Stellvertreter in Vietnam und Afghanistan zu gewinnen, und sich um die eigenen Verfehlungen einen Teufel zu scheren. So funktioniert *Realpolitik*.

Meine Frage ist jedoch eine andere. Wir leben heute in einer

---

1 Eine Erörterung dieser dubiosen intellektuellen Vorgehensweisen findet sich bei Noam Chomsky, *Necessary Illusions. Thought Control in Democratic Societies*, London 1989.

Zeit, die durch das Verschwinden scheinbar objektiver moralischer Normen und einer spürbaren Autorität bereits merklich aus dem Gleichgewicht gekommen ist. Daher ist es ein Unding, wenn der Intellektuelle blindlings das Verhalten des eigenen Landes unterstützt und seine Verbrechen entweder übersieht oder fatalistisch sagt: »Ich denke, alle machen das, so ist nun mal die Welt.« Der Intellektuelle ist kein Experte, deformiert durch seine treuen Dienste für eine völlig heruntergekommene Macht. Der Intellektuelle verfügt – um es zu wiederholen – über eine andere, auf Grundsätzen beruhende Eigenständigkeit, die es ihm ermöglicht, die Macht mit der Wahrheit zu konfrontieren.

Darunter verstehe ich kein alttestamentarisches Getöse, das jeden für sündig und von Grund auf böse erklärt. Ich meine etwas viel Bescheideneres und Wirkungsvolleres. Wenn ich mich dafür ausspreche, an international gültigen Verhaltensnormen konsequent festzuhalten und die Menschenrechte ebenso konsequent zu unterstützen, heißt das nicht, daß dafür ein inneres Licht, das Inspiration und prophetische Intuition verspricht, benötigt würde. Die meisten, wenn nicht alle Länder der Welt sind Unterzeichner der Allgemeinen Erklärung der Menschenrechte, die 1948 verabschiedet und verkündet wurde und von jedem neuen Mitgliedstaat der Vereinten Nationen neu bekräftigt wird. Desgleichen gibt es bindende Konventionen zum internationalen Kriegsrecht, zur Behandlung von Gefangenen, zu den Rechten von Arbeitern, Frauen, Kindern, Immigranten und Flüchtlingen. Keines dieser Dokumente sagt irgend etwas über *ungeeignete* oder ungleiche Rassen oder Völker aus. Allen steht das Recht auf die gleichen Freiheiten zu.[1] Natürlich wer-

---

1 Eine ausführlichere Behandlung dieser Argumentation findet sich in meinem Beitrag »Nationalismus und Menschenrechte – Dilemma ohne Ausweg?«, in: *Freiheit und Interpretation. Amnesty-International-Vorlesungen 1992*, hg. von Barbara Johnson, Frankfurt a. M. 1994, S. 179–210.

den diese Rechte nahezu täglich verletzt, wofür der Genozid in Bosnien Zeugnis ablegt. Für einen amerikanischen, ägyptischen oder chinesischen Regierungsoffiziellen werden sie dennoch »praktisch«, wenn auch nicht konsequent, eingehalten. Doch dies sind die Verhaltensnormen der Macht und nicht die des Intellektuellen, dessen Funktion zumindest die sein sollte, die Standards und Verhaltensnormen tatsächlich anzuwenden, die von der ganzen internationalen Gemeinschaft bislang nur auf dem Papier anerkannt sind.

Natürlich stellt sich die Frage des Patriotismus und der Loyalität dem eigenen Volk gegenüber. Zudem ist der Intellektuelle kein Automat, der mathematisch genau bestimmte Gesetze und Regeln ausspuckt. Und schließlich spielen auch Angst und die Grenzen des einzelnen in bezug auf Zeit, Aufmerksamkeit und Fähigkeiten eine kaum zu überschätzende Rolle. Da wir jedoch nicht zu Unrecht das Verschwinden des Konsenses über Objektivität beklagen, sollten wir uns erst recht keiner selbstbezogenen Subjektivität überlassen. In einem Beruf oder einer Nationalität Zuflucht zu suchen heißt zu flüchten; es ist keine Antwort auf all die Hiebe, die uns allein die morgendliche Lektüre der Tageszeitung versetzt.

Niemand kann ständig über alle Probleme gleichzeitig sprechen. Ich glaube jedoch, daß es eine besondere Pflicht gibt, die konstituierten und autorisierten Mächte zur Rede zu stellen, die ihren Bürgern gegenüber rechenschaftspflichtig sind, besonders wenn diese Mächte sich in einen offensichtlich unangemessenen und unmoralischen Krieg verwickelt haben, mit vorsätzlicher Diskriminierung oder Unterdrückung beschäftigt sind oder kollektive Grausamkeiten zulassen. Wir alle leben, wie gesagt, innerhalb nationaler Grenzen, wir gebrauchen Nationalsprachen, wir wenden uns – meistens – an unsere nationalen Gemeinschaften. Ein Intellektueller, der in Amerika lebt, muß sich mit der dortigen Realität auseinandersetzen, vor allem damit, daß dieses Land in erster Linie eine extrem vielfältige Immigrantengesellschaft ist, mit einem phantastischen Potential an Ressourcen und Bildung, die sich aber auch eine ungeheure Menge innerer Ungerechtigkeiten und äußerer Interventionen erlaubt, die nicht ignoriert werden können. Obwohl ich nicht für Intellektuelle in anderen Ländern sprechen kann, bleibt der Sachverhalt sicher der gleiche, mit dem Unterschied, daß die Vereinigten Staaten eine Weltmacht sind.

Immer läßt sich das intellektuelle Begreifen einer Situation dadurch erreichen, daß man die bekannten und verfügbaren Tatsachen mit einer ebenso bekannten und verfügbaren Norm vergleicht. Das ist keine einfache Aufgabe, da sie Dokumentation, Forschung und Sondierung erfordert, um über die übliche fragmentarische und notwendig verfälschende Art des Informationswesens hinauszukommen. Aber in den meisten Fällen kann man in Erfahrung bringen, ob ein Massaker tatsächlich stattgefunden hat oder ob von offizieller Seite versucht wurde, etwas zu vertuschen. Die oberste Maxime lautet herauszufinden, was geschah und warum es geschah. Es geht dabei nicht um das isolierte Ereignis, sondern um einen Teil einer sich entfaltenden Geschichte, in der die eigene Nation Akteur ist. Die Inkohärenz der von Apologeten, Strategen und Planern durchgeführten Standardanalysen der Außenpolitik rührt daher, daß sie sich auf andere Dinge konzentrieren als die, die eine Situation ausmachen, und nur sehr selten die eigene Verstrickung und deren Folgen thematisieren. Der Maßstab einer moralischen Norm wird praktisch nie angelegt.

Das Ziel, die Wahrheit zu sagen, besteht in einer verwalteten Massengesellschaft hauptsächlich im Entwurf eines besseren Zustands, der den moralischen Prinzipien – Frieden, Versöhnung, Beseitigung des Leidens –, an denen sich die Realität messen lassen muß, näherkommt. Dieser Vergleich wurde von dem amerikanischen pragmatischen Philosophen C. S. Peirce »Abduktion« genannt und wird von Noam Chomsky mit großem Erfolg praktiziert.[1] Wenn man schreibt oder spricht, geht es natürlich nicht darum, recht zu behalten, sondern darum, eine Änderung des moralischen Klimas herbeizuführen. Aggression muß als solche erkannt werden, die ungerechte Bestrafung von Völkern oder Individuen muß verhindert oder beendet werden, und die demokratischen Rechte und Freiheiten als Norm sollten für alle und nicht für einige wenige anerkannt werden. Zugegeben, dies sind idealistische und häufig unrealisierbare Ziele, und in gewisser Weise sind sie auch nicht unmittelbar relevant für mein Thema, das individuelle Verhalten des Intellektuellen. Aber nichts ist in meinen Augen verwerflicher, als sich abzuwenden oder sich einer vorgegebenen Linie zu unterwerfen.

Eine solche Geisteshaltung führt unweigerlich zu einer Vermeidungstaktik, zu jener charakteristischen Abkehr von einer vielleicht schwierigen, aber auf Prinzipien beruhenden Position, die man als die richtige erkannt hat, gegen die man sich aber entscheidet. Man möchte nicht zu politisch erscheinen; man fürchtet, als Widerspruchsgeist zu gelten; man braucht die Anerkennung eines Chefs oder einer Autoritätsperson; man möchte sich den Ruf erhalten, ausgeglichen, objektiv, gemäßigt zu sein; man hofft, wieder eingeladen zu werden, konsultiert zu werden, in einen Ausschuß oder ein angesehenes Komitee berufen zu werden und so im anerkannten Mainstream zu bleiben; man hofft auf einen Doktorhut, auf einen großen Preis, vielleicht sogar auf die Ernennung zum Botschafter.

Für einen Intellektuellen bedeutet diese Geisteshaltung schlicht Korruption. Wenn etwas ein leidenschaftliches intellektuelles Leben deformieren, neutralisieren und schließlich abtöten kann, dann ist es die Verinnerlichung einer solchen Haltung. Persönlich bin ich ihr bei einem der umstrittensten Themen überhaupt begegnet, Palästina, wo die Angst, über

---

1 Noam Chomsky, *Sprache und Geist*, Frankfurt a.M. 1970, S. 148 bis 162.

eine der größten Ungerechtigkeiten in der modernen Geschichte zu sprechen, viele, die die Wahrheit kennen und ihr von ihrer Position her auch dienen könnten, ängstlich, scheu und mundtot gemacht hat. Trotz der Beschimpfungen und Verleumdungen, die jeder offene Fürsprecher des palästinensischen Rechts auf Selbstbestimmung über sich ergehen lassen muß, sollte die Wahrheit von einem unerschrockenen und mitfühlenden Intellektuellen ausgesprochen und dargestellt werden. Dies ist nach dem Osloer Abkommen, das am 13. September 1993 von der PLO und Israel unterzeichnet wurde, nur noch dringlicher geworden. Die große Euphorie, die dieser äußerst bescheidene Durchbruch erzeugte, verdeckte die Tatsache, daß dieses Dokument, weit davon entfernt, palästinensische Rechte zu garantieren, in Wirklichkeit die Fortsetzung der israelischen Kontrolle über die besetzten Gebiete garantierte. Dies zu kritisieren hieß in der Tat, gegen »Hoffnung« und »Frieden« Stellung zu beziehen.[1]

Und schließlich noch ein Wort über die Art des intellektuellen Eingreifens. Der Intellektuelle muß keinen Berg und keine Kanzel besteigen, um von oben herab seine Botschaft zu verkünden. Selbstverständlich möchte man seine Sache dort vortragen, wo sie am besten gehört wird; auch möchte man sie so vertreten, daß sie einen laufenden und aktuellen Prozeß, zum Beispiel die Sache des Friedens und der Gerechtigkeit, möglichst beeinflußt. Ja, die Stimme des Intellektuellen ist einsam, und doch kann sie nur auf Resonanz hoffen, wenn sie sich aus freien Stücken mit der Wirklichkeit einer Bewegung, den Wünschen eines Volkes, dem vereinten Streben nach einem gemeinsamen Ideal verbindet. Der Opportunismus gebietet, daß man im Westen, der sich in großartiger Kritik am palästinensischen Terror und seiner Maßlosigkeit ergeht, diesen lauthals

---

1 Vgl. meinen Artikel »The Morning After«, in: *London Review of Books*, 21. Oktober 1993, Bd. 15, No. 20, 3–5.

anklagt, um danach die israelische Demokratie zu loben und zuletzt etwas Positives über den Frieden von sich zu geben. Das intellektuelle Verantwortungsbewußtsein gebietet, daß man all diese Dinge den Palästinensern sagen muß, daß man aber in New York, Paris und London für sein Anliegen mehr erreicht, wenn man für die Idee der Freiheit der Palästinenser und der Freiheit von Terror und Extremismus seitens *aller* Beteiligten und nicht nur der schwächsten und angreifbarsten Partei wirbt.

Der Macht die Wahrheit entgegenzuhalten ist kein hochtrabender Idealismus. Es bedeutet vielmehr, sorgfältig Alternativen abzuwägen, die richtige auszuwählen und sie dann dort intelligent zu vertreten, wo sie am meisten Positives bewirkt und die richtigen Veränderungen herbeiführt.

Götter, die keine sind

ER WAR EIN ausnehmend eloquenter und charismatischer iranischer Intellektueller, dem ich 1978 zum ersten Mal im Westen begegnete. Als ein Schriftsteller und Lehrer von beachtlicher Bildung und Gelehrsamkeit spielte er eine bedeutende Rolle in der Verbreitung von Informationen über die unpopuläre Herrschaft des Schahs, aber auch bereits über die neuen Figuren, die in Teheran bald danach an die Macht kommen sollten. Er sprach zu jener Zeit voller Achtung von Imam Chomeini und stand alsbald in offensichtlich enger Verbindung zu den jungen Männern um Chomeini, die selbstverständlich Muslime waren, aber keine militanten Islamisten, Männer wie Abol Hassan Bani Sadr und Sadek Ghotbzadeh.

Einige Wochen nachdem die islamische Revolution ihre Macht im Land gefestigt hatte, kehrte dieser kluge Mann (er war anläßlich der Einsetzung der neuen Regierung in den Iran gereist) als Leiter einer wichtigen westlichen Botschaftsvertretung in den Westen zurück. Ich erinnere mich, mit ihm kurz nach dem Sturz des Schahs ein- oder zweimal an Podiumsdiskussionen teilgenommen zu haben. Ich sah ihn in der Zeit des überaus langen Geiseldramas, und er bekundete regelmäßig

Angst und sogar Zorn über die Schlägertrupps, die die Botschaftsbesetzung und die folgende Geiselnahme von ungefähr fünfzig Zielpersonen in Szene gesetzt hatten. Der deutliche Eindruck, den ich von ihm gewann, war der eines ehrenwerten Mannes, der sich für die neue Ordnung einsetzte und sie sogar als loyaler Abgesandter im Ausland verteidigte und in ihren Dienst getreten war. Ich kannte ihn als einen gläubigen Muslim, keineswegs als Fanatiker. Geschickt trat er Vorbehalten und Angriffen entgegen. Er tat dies meines Erachtens überzeugend und ausreichend differenziert. Obwohl er mit einigen seiner Kollegen in der iranischen Regierung nicht übereinstimmte und noch vieles als unfertig ansah, ließ er doch niemanden darüber im unklaren – jedenfalls nicht mich –, daß der Imam Chomeini *die* Autorität im Iran war und bleiben sollte. Er war so sehr Loyalist, daß er, wie er mir bei einem Treffen in Beirut erzählte, einem palästinensischen Führer nicht die Hand gegeben habe (dies trug sich zu, als die PLO und die Iranische Revolution Alliierte waren), weil dieser »den Imam« kritisiert hatte.

Es muß einige Monate vor der Freilassung der Geiseln im Frühjahr 1981 gewesen sein, daß er als Botschafter abdankte und in den Iran zurückkehrte, dieses Mal als enger Mitarbeiter von Präsident Bani Sadr. Die Gegensätze zwischen Präsident und Imam waren jedoch bereits deutlich, und natürlich unterlag der Präsident. Kurz nachdem er von Chomeini abgesetzt worden war, ging Bani Sadr ins Exil, und mein Freund auch, der zunächst große Probleme hatte, aus dem Iran herauszukommen. Ungefähr ein Jahr später wurde er ein wichtiger öffentlicher Kritiker von Chomeinis Iran und griff die Regierung und die Männer, denen er einmal gedient hatte, auf denselben Foren in New York und London an, auf denen er sie zuvor verteidigt hatte. Er hatte jedoch nicht seine kritische Einstellung zur Rolle der Vereinigten Staaten verloren und sprach weiterhin vom Imperialismus dieses Landes. Seine Erfahrungen mit dem Schah-Regime und die amerikanische Unterstützung des Regimes hatten sich tief in sein Wesen eingeprägt.

Ich empfand deswegen eine um so größere Trauer, als ich ihn 1991 einige Monate nach dem Golfkrieg sprechen hörte, diesmal als Verteidiger des amerikanischen Waffengangs gegen den Irak. Wie etliche europäische Linksintellektuelle erklärte er, daß man in einem Konflikt zwischen Imperialismus und Faschismus stets den Imperialismus wählen müsse. Es überraschte mich, daß keinem der Vertreter dieser – meines Erachtens unnötig zugespitzten – Alternative in den Sinn gekommen war, daß es durchaus möglich und aus intellektuellen wie politischen Gründen gut gewesen wäre, Faschismus und Imperialismus abzulehnen.

Jedenfalls steckt in dieser kleinen Geschichte eines der Dilemmata, mit denen sich der heutige Intellektuelle auseinandersetzen muß. Sein Interesse für das, was ich die öffentliche Sphäre genannt habe, ist eben nicht nur theoretischer oder akademischer Art, sondern beinhaltet eine direkte Teilnahme. Wie weit sollte ein Intellektueller in seinem Engagement gehen? Soll er einer Partei beitreten, soll er sich den Verkörperungen einer Idee, wie sie in aktuellen politischen Prozessen, Persönlichkeiten und Aufgaben in Erscheinung tritt, zur Verfügung stellen und mithin ein Rechtgläubiger werden? Oder gibt es eine zurückhaltendere – aber nicht weniger ernsthafte und engagierte – Weise der Unterstützung, der nicht späterer Verrat und Desillusionierung droht? Wie weit darf die Loyalität zu einer Sache gehen, ohne in eine Glaubensfrage umzuschlagen? Kann man seine geistige Unabhängigkeit bewahren und zugleich die quälenden öffentlichen Widerrufs- und Bekenntnisrituale vermeiden?

Es kommt nicht von ungefähr, daß die Geschichte der Pilgerfahrt meines iranischen Freundes zurück zur islamischen Theokratie und aus ihr heraus von einer quasireligiösen Bekehrung handelt, auf die eine überaus dramatische Glaubensumkehr zu folgen schien, eine Gegenbekehrung. Denn ganz gleich, ob er mir als Anwalt der islamischen Revolution und infolgedessen als strammer intellektueller Soldat entgegentrat oder als ihr rückhaltloser Kritiker, der sie in einem überwältigenden Ekel hinter sich gelassen hatte, nie habe ich Zweifel an seiner Aufrichtigkeit gehabt. Er war genauso überzeugend in der einen wie in der anderen Rolle – leidenschaftlich, gewandt, rhetorisch ungeheuer mitreißend.

Ich will nicht behaupten, daß ich während des Ordals, das über meinen Freund verhängt war, ein unbeteiligter Beobachter gewesen wäre. Als palästinensische Nationalisten hatten wir in den siebziger Jahren gegen die Interventionspolitik der Vereinigten Staaten gemeinsame Sache gemacht, die in unseren Augen sowohl den Schah an der Regierung hielten als auch Israel auf ungerechte und anachronistische Weise unterstützten. Wir sahen beide unsere Völker als Opfer einer schrecklich mitleidslosen Politik: Unterdrückung, Enteignung, Verarmung. Wir waren beide Exilanten, obwohl ich gestehen muß, daß ich mich schon damals damit abgefunden hatte, für den Rest meines Lebens Exilant zu bleiben. Als, um mich sportlich auszudrücken, die Mannschaft meines Freundes gewann, brach ich in Jubel aus, und nicht nur deshalb, weil nun zumindest er zurückkehren konnte. Seit der arabischen Niederlage von 1967 war der Erfolg der iranischen Revolution – der durch eine höchst unwahrscheinliche Allianz zwischen der islamischen Geistlichkeit und dem einfachen Volk zustande gekommen war, die selbst die gewieftesten marxistischen Nahostexperten völlig verwirrte – der erste größere Schlag gegen die westliche Hegemonie in der Region. Wir betrachteten ihn beide als einen Sieg.

Freilich war ich als vielleicht verbohrt eigensinniger weltlicher Intellektueller für Chomeini selbst noch nie besonders eingenommen, auch schon bevor er seine düster tyrannische und unbeugsame Persönlichkeit als oberster Herrscher offenbarte. Da ich von Natur aus kein Parteigänger bin, habe ich nie meine Dienste angeboten. Ich war es inzwischen gewohnt, am Rande zu stehen, außerhalb der Machtzirkel. Vielleicht rationalisierte ich die Tugenden des Außenseitertums, weil ich kein Talent für eine Position innerhalb des Zauberkreises habe. Ich konnte niemals voll an Männer und Frauen glauben – denn das sind sie doch im Grunde, *lediglich* Männer und Frauen –, die das Kommando über Streitkräfte innehaben, Parteien führen, Länder regieren und unangefochten Autorität ausüben. Heldenverehrung, sogar der Begriff des Helden selbst, wie er auf politische Führer angewandt wird, hat mich immer kalt gelassen. Als ich sah, wie sich mein Freund der einen Seite anschloß, wie er die Seiten wechselte und sich der anderen anschloß mit großartigen Gesten des Sichbindens und Zurückweisens, wie der Rückgabe und der darauffolgenden Wiederannahme seines westlichen Passes, empfand ich ein seltsames Glück: Es war wohl mein bleibendes Schicksal für den Rest meines Lebens, Palästinenser mit einem amerikanischen Paß zu sein, ohne verlockende Alternativen.

Vierzehn Jahre lang war ich unabhängiges Mitglied des palästinensischen Exilparlaments, des palästinensischen Nationalrats, der während dieser ganzen Zeit vielleicht insgesamt eine Woche tagte. Ich blieb in diesem Rat aus Solidarität, ja aus Trotz, weil ich im Westen spürte, daß es symbolisch wichtig war, sich in dieser Weise als Palästinenser zu exponieren, als jemand, der sich öffentlich mit dem Widerstand gegen die israelische Politik und dem Kampf um palästinensische Selbstbestimmung verbündet. Ich lehnte alle Angebote ab, offizielle Positionen einzunehmen; ich schloß mich nie einer Partei oder Fraktion an. Als ich im dritten Jahr der Intifada durch die offizielle palästinensische Politik in den Vereinigten Staaten Schwierigkeiten bekam, legte ich meine Ansichten auf arabischen Foren dar. Ich gab den Kampf nicht auf, noch schloß ich mich je der israelischen oder amerikanischen Seite an. Ich wollte nicht mit den Mächten, die ich nach wie vor als die Hauptverursacher der Leiden unseres Volkes ansehe, zusammenarbeiten. Ebenso stimmte ich niemals der Politik der arabischen Staaten zu und schlug auch alle ihre offiziellen Einladungen aus.

Ich gebe zu, daß diese vielleicht allzu rebellischen Positionen Ausdruck der verlustreichen und im Kern unmöglichen Erfahrung sind, Palästinenser zu sein: Es mangelt uns an territorialer Souveränität, unsere Siege sind winzig, und wir haben gerade mal soviel Platz, sie darauf zu feiern. Vielleicht bin ich auch nur nicht gewillt, mich wie viele andere völlig einer Sache oder einer Partei zu verschreiben, mit all dem Engagement und der Überzeugungsarbeit, die dazu gehören. Ich war dazu einfach nicht in der Lage und zog die Autonomie des Außenseiters und Skeptikers der diffus religiösen Aura vor, die der Eifer des Konvertiten und Rechtgläubigen für mich hat. Ich stellte fest, daß mir diese kritische Distanz in der Zeit nach dem im August 1993 ausgehandelten Abkommen zwischen Israel und der PLO durchaus von Nutzen war – ich glaube es zumindest. Mir erschien die durch die Medien geschürte Euphorie, ganz zu schweigen von der offiziell bekundeten Freude und Zufriedenheit, angesichts der unschönen Tatsache, daß sich die PLO-Führung Israel einfach ergeben hatte, als unberechtigt. Mit solchen Äußerungen geriet man ins absolute Abseits, doch ich hatte aus intellektuellen und moralischen Gründen das Gefühl, sie vertreten zu müssen. Das Beispiel des Iraners, das ich gegeben habe, läßt sich mit vielen anderen Fällen unmittelbar vergleichen. Das 20. Jahrhundert ist voller Bekehrungen und öffentlichen Widerrufen von Intellektuellen. Mit einigen dieser Fälle in der westlichen wie in der nahöstlichen Welt, die ich am besten kenne, möchte ich mich im weiteren befassen.

Bei diesem Thema kann ich mir keinerlei Zweideutigkeiten erlauben: Ich bin gegen Bekehrungen und gegen jeglichen Glauben an einen politischen Gott. Beides ist dem Intellektuellen unangemessen. Das bedeutet nicht, daß der Intellektuelle sich von allen Wassern fernhalten sollte. Alles, was ich hier geschrieben habe, tritt für leidenschaftliches Engagement, Risikobereitschaft, Exponiertheit, Prinzipientreue, Gesprächsbereitschaft und das Sicheinmischen in weltliche Angelegenheiten ein. So beruht etwa der bereits skizzierte Unterschied zwischen einem Experten und einem Amateur genau darauf: der professionelle Intellektuelle erhebt auf der Grundlage eines Berufs Anspruch auf Unparteilichkeit und Objektivität, wogegen der amateurhafte Intellektuelle weder von der Aussicht auf Lohn noch auf Erfolg und Karriere bewegt wird, sondern von einem verbindlichen Engagement für Ideen und Werte in der Öffentlichkeit. Anders als der Akademiker oder der Naturwissenschaftler wendet sich der Intellektuelle ganz natürlich der politischen Welt zu. Diese Welt wird von Macht- und Interessenserwägungen beherrscht, die ganze Gesellschaften oder Nationen in Unruhe versetzen und den Intellektuellen zu der Erkenntnis bringen, daß es, wie Marx so schicksalsschwanger sagte, nicht nur darauf ankomme, die Welt zu interpretieren, sondern sie zu verändern.

Ein Intellektueller, der spezifische Anschauungen, Ideen und Ideologien artikuliert und repräsentiert, will diese gesellschaftlich auch umgesetzt sehen. Dem Intellektuellen, der behauptet, nur für sich selbst oder um der reinen Gelehrsamkeit oder des abstrakten Wissens willen zu schreiben, kann, ja darf man nicht glauben. Wie der große Schriftsteller Jean Genet einmal sagte, ist man in dem Augenblick, in dem man veröffentlicht, bereits in das politische Leben eingetreten; wer also nicht politisch werden will, sollte weder schreiben noch sich öffentlich äußern.

Das Phänomen der Bekehrung beruht nicht so sehr auf der Bereitschaft, sich einzuordnen, als auf der, zu dienen und, so schwer mir das Wort über die Lippen kommt, zu kollaborieren. Es hat im Westen kaum je so viele schändliche und abstoßende

Beispiele hierfür gegeben als in der Zeit des Kalten Krieges, als unzählige Intellektuelle sich an der Schlacht um die Herzen und den Geist der Völker auf der ganzen Welt beteiligten. Richard Crossman gab 1949 ein Buch heraus, das überaus bekannt wurde und den seltsam manichäischen Aspekt des intellektuellen Kalten Krieges nachgerade verkörpert. Es trug den Titel *Ein Gott, der keiner war.* Der Satz und seine offen religiöse Prägung blieben noch lange lebendig, auch als die Erinnerung an den tatsächlichen Inhalt des Buches längst verblaßt war.

Gedacht als Zeugnis für die Leichtgläubigkeit prominenter westlicher Intellektueller – unter ihnen Ignazio Silone, André Gide, Arthur Koestler und Stephen Spender –, bot es jedem Mitarbeiter Gelegenheit, über seine Erfahrungen auf dem Weg nach Rußland zu berichten, über die unvermeidliche Desillusionierung und die anschließende erneute Annahme des nichtkommunistischen Glaubens. Crossman schließt seine Einleitung zu diesem Band mit dem emphatisch theologischen Satz: »Der Teufel lebte einstmals im Himmel, und diejenigen, die ihm nicht begegnet sind, werden wahrscheinlich nicht imstande sein, einen Engel zu erkennen, wenn sie einen sehen«.[1] Das ist selbstverständlich nicht nur Politik, sondern ebenso ein Stück Moral. Der Kampf um den Geist war in einen Kampf um die Seele verwandelt worden, mit katastrophalen Konsequenzen für das intellektuelle Leben. Das trifft zweifellos für die Sowjetunion und ihre Satellitenstaaten zu, wo Schauprozesse, Massensäuberungen und ein gigantisches Strafsystem die Schrecken dieses Ordals auf der anderen Seite des Eisernen Vorhangs veranschaulichen.

Im Westen wurden viele der ehemaligen Genossen aufgefordert, öffentlich Buße zu tun. Schon bei bekannten Leuten wie den Autoren von *Ein Gott, der keiner war* ist das empö-

---

1 *Ein Gott, der keiner war,* hg. von Richard Crossman, München 1962, S. 16.

rend genug, aber noch wesentlich schlimmer wird es, wenn es – wie in den Vereinigten Staaten – zur Massenhysterie führt und sich eine verblüffend blutrünstige Intellektuellenschicht ausbildet, die bis auf den heutigen Tag von einer völlig übertriebenen inneren und äußeren Bedrohung besessen ist – so jedenfalls nach meiner Erfahrung; ich bin 1950 mitten in der McCarthy-Ära als Schuljunge aus dem Nahen Osten in die USA gekommen. Es war eine bedrückende und zudem selbstausgelöste Krise, die den Triumph eines gedankenlosen Manichäismus über rationales und selbstkritisches Denken bedeutete.

Ganze Karrieren wurden nicht auf intellektueller Leistung aufgebaut, sondern auf dem Nachweis der Übel des Kommunismus, auf Reue, auf der Denunziation von Freunden oder Kollegen, auf der – neuerlichen – Kollaboration mit den Feinden der ehemaligen Freunde. Ganze Diskurssysteme leiteten sich vom Antikommunismus ab, angefangen beim angeblichen Pragmatismus der Lehre vom Ende der Ideologien bis hin zu seinem kurzlebigen Erbe, der Lehre vom Ende der Geschichte. Weit davon entfernt, die Freiheit lediglich passiv zu verteidigen, führte der organisierte Antikommunismus in den USA zur aggressiv, wenn auch verdeckt betriebenen Unterstützung diverser Gruppierungen durch den CIA. Unter anderen Umständen wäre das niemals akzeptiert worden. Das gilt zum Beispiel für den Kongreß über kulturelle Freiheit, der für die weltweite Verbreitung von *Ein Gott, der keiner war* sorgte und Magazine wie den *Encounter* subventionierte. Darüber hinaus kam es zur Infiltration von Gewerkschaften, Studentenorganisationen, Kirchen und Universitäten.

Die vielen Erfolge, die im Namen des Antikommunismus errungen wurden, sind von seinen Anhängern als eine lückenlose Erfolgsgeschichte dargestellt worden. Andere, weniger sympathische Ergebnisse wurden ignoriert: zum einen die Korrumpierung der offenen intellektuellen Diskussion und die

Eindämmung des vielfältigen kulturellen Gesprächs mit Hilfe eines Systems evangelikaler und letztlich irrationaler Gebote und Verbote (dem Vorläufer der heutigen »political correctness«) und zum anderen bestimmte Formen der öffentlichen Selbstkasteiung, die sich bis heute erhalten haben. Beides ging Hand in Hand mit der widerwärtigen Begleiterscheinung, erst auf der einen Seite Lohn und Privilegien zu sammeln und dann das gleiche auf der anderen Seite zu tun.

Im übrigen möchte ich auf die ausnehmend abstoßende Ästhetik von Bekehrung und Widerruf hinweisen. Die öffentliche Darstellung anfänglicher Gefolgschaft und anschließender Abtrünnigkeit erzeugt eine Art Narzißmus und Exhibitionismus, durch die der Intellektuelle jede Verbindung zum Volk und zu dem Geschehen, dem er angeblich dient, verliert. Ich habe in diesem Essay mehrmals erklärt, daß der Intellektuelle idealiter für Emanzipation und Aufklärung steht, doch niemals als Abstraktionen oder blutleere und ferne Gottheiten. Die Vorstellungen des Intellektuellen, das heißt seine Ideen wie auch die Formen ihrer öffentlichen Darstellung, sind an eine kontinuierliche Erfahrung in der Gesellschaft gebunden und sollten ein organischer Teil von ihr bleiben: ich meine die Erfahrung der Armen, der Benachteiligten, der Sprachlosen, der Nichtrepräsentierten, der Machtlosen. Diese sind zugleich konkret und kontinuierlich; sie verflüchtigen sich, wenn sie umgeformt werden und zu Glaubenssätzen, religiösen Deklarationen und professionellen Methoden erstarren.

Solche Umformungen durchtrennen die lebendige Verbindung zwischen dem Intellektuellen und der Bewegung oder dem Prozeß, deren Teil er ist. Darüber hinaus besteht die große Gefahr, sich selbst, die eigenen Ansichten, die eigene Rechtschaffenheit, die eigene Position überzubewerten. Die Lektüre der in *Ein Gott, der keiner war* zusammengestellten Zeugnisse ist deprimierend. Ich möchte fragen: Warum hast du als Intellektueller überhaupt an einen Gott geglaubt? Und wie kommst du dazu anzunehmen, dein früherer Glaube und deine spätere Desillusionierung seien so wichtig? An und für sich ist mir religiöser Glaube als zutiefst persönliche Angelegenheit durchaus verständlich. Erst wenn ein absolut dogmatisches System, in dem eine Seite nur gut und die andere Seite unwiderruflich böse ist, an die Stelle des Prozeßhaften, des Gebens und Nehmens in einem lebendigen Austausch tritt, fängt der säkulare Intellektuelle an, sich an der unwillkommenen und unangebrachten Kontaminierung der einen Sphäre durch die andere zu stoßen. Religiöser Eifer bestimmt dann die Politik – wie es heute im ehemaligen Jugoslawien der Fall ist –, mit allem, was dies an »ethnischen Säuberungen«, Massenmorden und schwelenden Konflikten mit sich bringt.

Es ist nicht ohne Ironie, daß sich der frühere Konvertit und der neue Gläubige in ihrer Intoleranz, Kompromißlosigkeit und Gewaltbereitschaft häufig kaum voneinander unterscheiden. In den letzten Jahren hat der Umschwung von der extremen Linken zur extremen Rechten eine langweilige Geschäftigkeit hervorgebracht, die Unabhängigkeit und Aufklärung im Munde führt, jedoch lediglich den Aufstieg des Reaganismus und des Thatcherismus widerspiegelt. Der amerikanische Zweig dieses eigenartigen Unternehmens der Selbstanpreisung nannte sich »Second Thoughts«. Damit sollte ausgedrückt werden, daß die »ersten« Gedanken aus den wilden sechziger Jahren sowohl radikal als auch falsch gewesen seien. Gegen Ende der achtziger Jahre versuchten Second Thoughts innerhalb nur weniger Monate zu einer Bewegung zu werden, erschreckend gut subventioniert von rechtslastigen Männern wie den Bradley und Olin Foundations. Ihre wichtigsten Wortführer waren David Horowitz und Peter Collier, aus deren Feder sich eine Flut von Büchern ergoß, eines wie das andere meistenteils Enthüllungen ehemaliger Radikaler, die ein Erweckungserlebnis hinter sich hatten und, wie sie selbst sagten, streng proamerikanisch und antikommunistisch geworden waren.[1]

Wenn man der Protestbewegung der sechziger Jahre mit ihren antiamerikanischen und Anti-Vietnamkrieg-Parolen vielleicht vorwerfen kann, allzu doktrinär und aufgeregt gewesen zu sein, so waren es die »Second Thoughters« gewiß nicht weniger. Das einzige Problem bestand natürlich darin, daß es jetzt keine kommunistische Welt mehr gab, kein Reich des Bösen. Für das fromme und reinigende Herunterbeten von Bußformeln über die Vergangenheit schien es dennoch keine Grenze zu geben. Im Grunde war es der Wechsel von einem Gott zu einem anderen, der gefeiert wurde. Was einmal eine Bewegung gewesen war, die zumindest zum Teil auf begeistertem Idealismus und Unzufriedenheit mit dem Status quo beruht hatte, wurde von den »Second Thoughters« rückblickend vereinfacht und umgedeutet in eine, wie sie sagten, Anbiederung an die Feinde Amerikas und verbrecherische Blindheit gegenüber der kommunistischen Gewaltherrschaft.[2]

In der arabischen Welt wurde der tapfere, wenn auch verstiegene und manchmal destruktive panarabische Nationalismus der Nasser-Ära, der in den siebziger Jahren an sein Ende kam, durch eine Reihe lokaler und regionaler Ideologien ersetzt, die meistens von unpopulären, geistlosen Minderheitenregierungen unerbittlich durchgesetzt wurden. Ihnen droht jetzt von einer ganzen Phalanx islamischer Bewegungen Gefahr. Dennoch existiert in allen arabischen Ländern nach wie vor eine weltliche und kulturelle Opposition. Im allgemeinen

---

1 Einen unterhaltsamen Bericht über eine Second-Thoughts-Konferenz liefert Christopher Hitchens, *For the Sake of Argument. Essays and Minority Reports*, London 1993, S. 111–114.

2 Ein brauchbarer Text über die unterschiedlichen Formen der Selbst-Desavouierung ist E. P. Thompsons »Disenchantment or Apostasy? A Lay Sermon«, in: *Power and Consciousness*, hg. von Conor Cruise O'Brien, New York 1969, S. 149–182.

gehören ihr die begabtesten Schriftsteller, Künstler, politischen Kommentatoren und Intellektuellen an, von denen aber viele zum Schweigen gebracht wurden oder ins Exil gehen mußten. Ein verhängnisvolles Phänomen ist die Macht und der Reichtum der Ölstaaten. Ein Großteil der westlichen Sensationspresse tendiert in ihrer Fixierung auf die Baath-Regimes in Syrien und im Irak dazu, den stilleren und hinterhältigeren Konformitätsdruck von Regierungen zu übersehen, die Akademikern, Schriftstellern und Künstlern großzügige Förderung anbieten und tatsächlich auch zukommen lassen können. Dieser Druck war besonders auffällig während der Golfkrise und des Golfkriegs. Vor der Krise wurde der Arabismus von progressiven Intellektuellen unkritisch unterstützt und verteidigt, die annahmen, die Sache des Nasserismus und den antiimperialistischen, unabhängigen Kurs der Konferenz von Bandung und der Bewegung der Blockfreien zu fördern. Unmittelbar nach dem irakischen Überfall auf Kuwait fand eine dramatische Umorientierung der Intellektuellen statt. Es wurde berichtet, daß in Ägypten ganze Redaktionen mit zahlreichen Journalisten eine komplette Kehrtwendung vollzogen. Ehemalige arabische Nationalisten begannen plötzlich Loblieder auf Saudi-Arabien und Kuwait anzustimmen, die verhaßten Gegner von einst und die Freunde und Förderer von heute. Wahrscheinlich wurden lukrative Gegenleistungen für diese Kehrtwendung angeboten. Doch die arabischen »Second Thoughters« ließen sich nicht lange bitten und entdeckten plötzlich ihre leidenschaftlichen Empfindungen für den Islam wie auch die einzigartigen Tugenden der einen oder anderen herrschenden Golfdynastie. Noch ein oder zwei Jahre zuvor waren viele von ihnen (einschließlich der Golfregimes, die Saddam Hussein finanzielle Hilfe gewährt hatten) begeistert für den Irak eingetreten, als dieser gegen »die Perser«, den alten Widersacher des Arabismus, kämpfte. Die Sprache jener Tage war unkritisch, bombastisch, emotional, durchdrungen von Heldenverehrung und quasireligiösem

Überschwang. Als Saudi-Arabien George Bush und die amerikanischen Streitkräfte zu Hilfe rief, waren diese Stimmen bereits bekehrt. Dieses Mal hatten sie sich auf die formelhafte, ständig wiederholte Zurückweisung des arabischen Nationalismus geeinigt, von dem sie ein plumpes Zerrbild lieferten.

Für arabische Intellektuelle sind die Dinge durch das Übergewicht der Vereinigten Staaten als der nunmehr einzigen Großmacht im Nahen Osten noch komplizierter geworden. Was einst ein reflexhafter, gedankenloser Antiamerikanismus war – dogmatisch, klischeehaft und unglaublich simpel –, verwandelte sich wie auf Befehl in einen Proamerikanismus. In vielen Zeitungen und Zeitschriften der arabischen Welt, besonders aber in jenen, die bekanntermaßen beträchtliche Geldmittel aus den Golfstaaten beziehen, wurde die Kritik an den Vereinigten Staaten spürbar zurückgeschraubt oder sogar ganz eingestellt; dies ging mit den üblichen Verboten einher, bestimmte Regimes zu kritisieren, die praktisch für sakrosankt erklärt wurden.

Eine verschwindend kleine Anzahl arabischer Intellektueller entdeckte indes eine neue Rolle für sich in Europa und den Vereinigten Staaten. Sie waren einst militante Marxisten, oft Trotzkisten und eifrige Unterstützer der palästinensischen Bewegung gewesen. Nach der iranischen Revolution hatten sich einige von ihnen als Islamisten zu erkennen gegeben. Als die Götter flohen oder verjagt wurden, verstummten diese Intellektuellen, abgesehen von einigen wohlkalkulierten Versuchen, neue Götter zu entdecken, um ihnen ihre Dienste anzubieten. Ich denke besonders an einen Mann, der einst loyaler Trotzkist gewesen war, später die Linke verließ und wie viele andere auch in der Bauwirtschaft Karriere machte. Kurz vor Ausbruch der Golfkrise trat er als leidenschaftlicher Kritiker eines bestimmten arabischen Regimes wieder an die Öffentlichkeit. Er schrieb nie unter seinem richtigen Namen, sondern benutzte eine Reihe von Pseudonymen, durch die seine Identität

– und seine Intention – verborgen blieb. Unterschiedslos, ja hysterisch wütete er gegen die gesamte arabische Kultur. Er wollte die Aufmerksamkeit westlicher Leser gewinnen.

Nun ist allgemein bekannt, wie schwierig es ist, in den westlichen Medien etwas Kritisches über die Politik der Vereinigten Staaten oder über Israel unterzubringen; umgekehrt ist es lächerlich einfach, Gehässigkeiten über die arabischen Völker und ihre Kultur oder über den Islam als Religion in die Welt zu setzen. Tatsächlich gibt es zwischen den Wortführern des Westens und jenen der muslimischen und arabischen Welt einen kulturellen Krieg. In einer derart aufgewühlten Situation besteht die härteste Aufgabe des Intellektuellen darin, kritisch zu bleiben und keinen rhetorischen Stil zu übernehmen, der ein sprachliches Äquivalent zu Bombenteppichen wäre.

Natürlich gewinnt man andererseits unfehlbar sein Publikum, wenn man als arabischer Intellektueller leidenschaftlich, ja sklavisch die Politik der Vereinigten Staaten unterstützt, ihre Kritiker angreift und, für den Fall, daß sie Araber sind, Beweise fingiert, die ihre Niedertracht belegen; für den Fall, daß sie Amerikaner sind, fabriziert man Geschichten und Gegebenheiten, die ihre Doppelzüngigkeit beweisen; man erdichtet Geschichten über Araber und Muslime, die ihre Tradition diffamieren, ihre Geschichte entstellen, ihre Schwächen betonen, was sicher nicht schwerfällt. Greift man überdies noch die offiziell anerkannten Feinde an – Saddam Hussein, die Baath-Parteien, den arabischen Nationalismus, die palästinensische Bewegung, arabische Ansichten über Israel –, erntet man unweigerlich das ersehnte Lob: man wird als mutig bezeichnet, man ist offen und leidenschaftlich usw. Der neue Gott ist selbstverständlich der Westen. Die Araber, so heißt es, sollten versuchen, westlicher zu sein, sollten den Westen als Quelle und Bezugspunkt betrachten. Vergessen ist die Geschichte der Zerstörungen durch den Westen. Vergessen sind die vernichtenden Folgen des Golfkriegs. Wir Araber und Muslime, heißt es, seien krank, die Probleme, die wir haben, seien nur unsere eigenen, an allem seien wir selbst schuld.[1]

Dazu ließe sich eine Menge sagen. Zunächst einmal hat das nichts mit Universalismus zu tun. Wer unkritisch einem Gott dient, für den sind die Teufel stets auf der anderen Seite. Das gilt für den überzeugten Trotzkisten ebenso wie für den widerrufenden. Politik wird hier nicht unter dem Gesichtspunkt der Wechselbeziehungen oder einer gemeinsamen Geschichte verstanden, wie es angesichts der langen und komplizierten Dynamik, die die Araber und Muslime mit dem Westen verbindet, angebracht wäre. Eine intellektuell redliche Analyse verbietet es jedoch, die eine Seite unschuldig und die andere böse zu nennen. Überhaupt ist, wo es um Kulturen geht, der Begriff der Seite höchst problematisch, da die meisten Kulturen keine in sich geschlossenen, homogenen Einheiten bilden, die sich in gute oder böse unterteilen ließen. Achtet man jedoch ständig auf seinen Herrn, kann man nicht als Intellektueller denken, sondern nur als Schüler oder Parteigänger. Tief im Inneren wird immer der Gedanke lauern, gefallen zu müssen und keinen Mißmut zu erregen.

Des weiteren wird die eigene Geschichte, der Dienst an früheren Meistern, mit Füßen getreten, ja dämonisiert, ohne den mindesten Selbstzweifel. Die Prämisse bleibt unhinterfragt, die es erlaubt, erst einem Gott lautstark zu dienen und nach kurzem Schwanken einem anderen. Weit gefehlt: Da man schon einmal einen Gott gegen einen anderen ausgetauscht hat, macht man einfach damit weiter, wohl ein bißchen zynischer, aber letzten Endes nicht weniger effektiv.

Im Gegensatz dazu ist der wirkliche Intellektuelle ein säkulares Wesen. Sosehr auch viele Intellektuelle geltend machen, ihre Vorstellungen beträfen höhere Dinge oder absolute Werte,

---

1 Daryush Shayegans *Cultural Schizophrenia. Islamic Confronting the West*, London 1992, porträtiert einige dieser Haltungen.

kann doch nur ihr Handeln in unserer säkularen Welt beurteilt werden – wo es ansetzt, wessen Interessen es dient, wie es sich mit einer kohärenten und universalistischen Ethik verträgt, wie es zwischen Macht und Gerechtigkeit unterscheidet, was es über die eigenen Entscheidungen und Prioritäten aussagt. Jene Götter fordern vom Intellektuellen absolute Gewißheit und eine totale, lückenlose Weltsicht, die nur Anhänger oder Feinde kennt.

Was mir viel interessanter erscheint, ist die Frage, wie man sich einen geistigen Raum für Zweifel und wachsame, skeptische Ironie, möglichst auch Selbstironie, offenhält. Sicher hat man Überzeugungen, fällt Urteile, sie kommen jedoch durch Arbeit zustande und durch die Verbindung mit Anderen, anderen Intellektuellen, einer Basisbewegung, einer sich fortschreibenden Geschichte, einem Bündel gelebter Leben. Das Problem von Abstraktionen oder Orthodoxien ist, daß sie Gebieter sind, die ständig beschwichtigt und umsorgt werden wollen. Die Moral und die Grundsätze eines Intellektuellen sollten nicht ein in sich geschlossenes Räderwerk bilden, das das Denken und Handeln in eine einzige Richtung bewegt und nur von einer einzigen Kraft angetrieben wird. Der Intellektuelle muß sich bewegen, muß Raum zur Verfügung haben, in dem er aufrecht steht und Autoritäten zur Rede stellt. Bedingungslose Unterordnung ist heutzutage eine der größten Gefahren für ein aktives und moralisches intellektuelles Leben.

Es ist schwer genug, dieser Gefahr zu begegnen, aber noch schwieriger ist es, den eigenen Überzeugungen treu zu bleiben und zugleich frei genug zu sein, um zu wachsen, sich geistig zu verändern, Neues zu entdecken oder beiseite Gelegtes wiederzuentdecken. Das Schwierigste an einer intellektuellen Existenz besteht darin, zu repräsentieren, was man mit seinem Werk und seinen Interventionen vertritt, ohne jedoch zu einer Institution oder zu einem Automaten, der auf Befehl eines Systems oder einer Methode handelt, zu erstarren. Jeder, der die

Erleichterung kennt, dem dies gelingt und der deswegen nicht weniger wachsam und ernsthaft ist, wird beurteilen können, wie selten diese Verbindung ist. Der einzige Weg zu diesem Ziel ist, niemals zu vergessen, daß man als Intellektueller die Wahl hat, aktiv und nach besten Kräften die Wahrheit zu vertreten oder sich passiv der Leitung eines Herrn oder einer Autorität zu überlassen. Für den weltlichen Intellektuellen führen *diese* Götter immer in die Irre.

Nachwort

ZU DEN REITH LECTURES, die 1948 von Bertrand Russell mit
einer ersten Vorlesungsreihe eröffnet wurden, gibt es in anderen Ländern eigentlich keine Entsprechung, aber sie wurden
inzwischen u. a. von einigen Amerikanern, so von Robert Oppenheimer, John Kenneth Galbraith und John Searle, gehalten. Manche dieser Vorlesungen habe ich als Junge im Radio
gehört – ich erinnere mich besonders an Toynbees Vorträge
1950. Ich bin in der arabischen Welt aufgewachsen, wo die BBC
ein überaus wichtiger Teil des Alltags ist; selbst heute noch gehört ein Ausdruck wie »London berichtete heute morgen« zu
den stehenden Redewendungen im Nahen Osten. Dabei wird
stets als selbstverständlich unterstellt, »London« verkünde die
Wahrheit. Ob dieses Bild lediglich ein Überbleibsel des Kolonialismus ist, vermag ich nicht zu sagen; andererseits ist nicht
zu bestreiten, daß die BBC sowohl in England wie im Ausland
ein öffentliches Ansehen genießt, das weder regierungsnahe
Einrichtungen wie die Voice of America noch amerikanische
Nachrichtensender, einschließlich CNN, für sich beanspruchen
können. Das kommt daher, daß Programme wie die Reith Lectures und die vielen Diskussions- und Dokumentarsendungen

von der BBC nicht so sehr als offiziell abgesegnete Programme präsentiert werden, sondern als Informationsangebote, die das Hörfunk- und Fernsehpublikum mit einer eindrucksvollen Fülle von verläßlichem, häufig hervorragendem Material konfrontieren.

Ich empfand es daher als große Ehre, als ich von der BBC durch Anne Winder die Möglichkeit geboten bekam, 1993 die Reith Lectures zu halten. Doch kaum hatte man die Vorträge angekündigt, erhob sich ein nachhaltiger, wenn auch zahlenmäßig unbedeutender Protest dagegen, daß ausgerechnet mir dieses Angebot gemacht worden war. In der Hauptsache warf man mir vor, mich für die Rechte der Palästinenser einzusetzen und mich daher für jedes ernstzunehmende oder respektheischende Forum disqualifiziert zu haben. Dies war nur das erste einer ganzen Reihe durch und durch antiintellektueller und antirationaler Argumente, die freilich alle den Eindruck erweckten, als wollten sie auf ironische Weise die These meiner Vorträge von der öffentlichen Rolle des Intellektuellen als eines Außenseiters, »Amateurs« und Störenfrieds bekräftigen.

Diese Kritiken sind überaus aufschlußreich, was die Einstellung der britischen Öffentlichkeit den Intellektuellen gegenüber anbelangt. Zwar wird den Briten diese Einstellung von der Presse regelrecht aufgenötigt, aber die Häufigkeit, mit der die einschlägigen Bezeichnungen verwendet werden, läßt doch auf eine gewisse gesellschaftliche Akzeptanz schließen. In einem Kommentar zu den angekündigten Themen meiner Reith Lectures – die Repräsentationen des Intellektuellen – stellte ein durchaus wohlmeinender Journalist fest, es sei höchst »unenglisch«, über ein solches Thema zu sprechen. Assoziiert mit dem Wort »Intellektueller« wurde »Elfenbeinturm« und »Gespött«. Diese deprimierende Denkweise wird auch von Raymond Williams in einem seiner späteren Werke, *Keywords*, festgestellt: »Bis in die Mitte des 20. Jahrhunderts wurden im Englischen Begriffe wie *Intellektuelle, Intellektualismus* und *Intelligenz* vorwie-

gend abfällig gebraucht, und es ist offensichtlich, daß dies an-
dauert.«[1]

Eine der Aufgaben des Intellektuellen besteht darin, die Stereotypen und vereinfachenden Kategorien, die das Denken
und die Kommunikation der Menschen untereinander so sehr
behindern, zu durchbrechen. Welchen Beschränkungen ich jedoch selbst unterlag, davon hatte ich, bevor ich die Lectures
hielt, überhaupt keine Ahnung. Häufig bekam ich, wenn ich
mich bei Journalisten und Kommentatoren beschwerte, zur
Antwort, daß ich Palästinenser sei, was ja, wie jedermann wisse,
gleichbedeutend sei mit Gewalt, Fanatismus und dem Mord
an Juden. Dabei wurde keine einzige Zeile von mir zitiert, der
Zusammenhang wurde einfach als allgemein bekannter Tatbestand vorausgesetzt. Darüber hinaus wurde ich in der dem
Sunday Telegraph eigenen Art als antiwestlich angegriffen und
meine Schriften in einer Weise einseitig ausgelegt, als würden
sie den Westen für alle Übel der Welt, insbesondere die der
Dritten Welt, verantwortlich machen.

Offensichtlich war das, was ich tatsächlich in einer ganzen
Reihe von Büchern, einschließlich *Orientalismus* und *Kultur und
Imperialismus*, geschrieben hatte, überhaupt nicht zur Kenntnis
genommen worden. (Meine unverzeihliche Sünde in *Kultur
und Imperialismus* ist die Feststellung, daß Jane Austens *Mans-
field Park* – ein Roman, den ich ebenso schätze wie ihr gesamtes
Werk – unter anderem auch von Sklaverei und britischen Zuk-
kerplantagen in Antigua handelt, beides Dinge, die sie selbstverständlich ausdrücklich erwähnt. Mein Standpunkt war nun,
daß nicht anders als Jane Austen, die über Vorgänge in England und in den britischen Überseebesitzungen spricht, auch
ihr heutiger Leser und Kritiker beides im Auge behalten müsse
und sich nicht nur auf erstere konzentrieren und letztere aus-

---

1   Raymond Williams, *Keywords. A Vocabulary of Culture and Society*, London 1988.

schließen dürfe.) Wenn meine Bücher etwas zu bekämpfen versuchten, ist es die Bildung von Fiktionen wie »Ost« und »West«, ganz zu schweigen von rassischen Gebilden wie unterlegenen Rassen, Orientalen, Ariern, Negern und ähnlichem. Weit davon entfernt, einem Gefühl von beschädigter ursprünglicher Unschuld in Ländern Vorschub zu leisten, die wiederholt unter den Zerstörungen des Kolonialismus gelitten haben, stellte ich immer wieder fest, daß mythische Abstraktionen wie die einer »ursprünglichen Unschuld« Lügen sind, ebenso wie die verschiedenen Rhetoriken der Anklage, zu denen sie Anlaß geben. Kulturen sind zu vermischt, ihre Inhalte und geschichtlichen Entwicklungen sind voneinander abhängig und ineinander verwoben; sie können nicht chirurgisch sauber in so große und in erster Linie ideologisch motivierte Gegensätze wie Orient und Okzident zerlegt werden.

Selbst wohlmeinende Kritiker – Kommentatoren, die tatsächlich mit meinen Ausführungen vertraut zu sein schienen – behaupteten, meine Forderungen hinsichtlich der gesellschaftlichen Rolle des Intellektuellen enthielten ein verstecktes autobiographisches Bekenntnis. Wie es sich denn mit rechtsgerichteten Intellektuellen wie Wyndham Lewis oder William Buckley verhielte, wurde ich gefragt. Warum jeder Intellektuelle ein Linker sein müsse. Was durchweg nicht beachtet wurde, war die Tatsache, daß Julien Benda, auf den ich (vielleicht paradoxerweise) immer wieder zurückkomme, ein einflußreicher Vertreter der Rechten war. Tatsächlich wird in diesem Essay der Versuch unternommen, den Intellektuellen als genau den Typus zu thematisieren, dessen öffentliches Auftreten weder vorhergesagt noch auf irgendeinen Slogan, eine orthodoxe Parteilinie oder ein starres Dogma reduziert werden kann. Ich versuche deutlich zu machen, daß dort, wo es um menschliches Elend und Unterdrückung geht, ein gewisses Maß an Wahrhaftigkeit aufrechterhalten werden muß – was immer es an Bindungen wie Parteizugehörigkeit, nationale Herkunft und ursprüngliche Loyalitäten auf seiten des einzelnen Intellektuellen geben mag. Nichts schadet dem öffentlichen Auftreten des Intellektuellen mehr als Beschönigung, vorsichtiges Schweigen, patriotisches Auftrumpfen und nachträgliches, sich selbst wichtig nehmendes Renegatentum.

Der Versuch, an einem universellen und einzigen Maßstab festzuhalten, spielt in meiner Studie über den Intellektuellen eine große Rolle. Das heißt, mir liegt an der Interaktion zwischen Universalität und dem Lokalen, dem Subjektiven, dem Hier und Jetzt. John Careys interessantes Buch *Haß auf die Massen. Intellektuelle 1880–1939*[1] kam erst nach der Niederschrift meiner Lectures heraus, ich glaube aber, daß seine im ganzen deprimierenden Befunde und meine eigenen Feststellungen sich nicht widersprechen. Carey zufolge reagierten britische Intellektuelle wie Gissing, Wells und Wyndham Lewis mit Abscheu auf das Aufkommen der modernen Massengesellschaften, »lamentierten« über solche Dinge wie den »Durchschnittsmenschen«, Vorstädte, den Geschmack der Mittelschichten und propagierten statt dessen einen natürlichen Adel und schwärmten von den »besseren« früheren Zeiten und der Kultur der Oberschichten. Für mich ist die große Öffentlichkeit das natürliche Publikum des Intellektuellen, auf das er einwirken sollte (anstatt es zu beschimpfen). Das Problem für den Intellektuellen ist weniger, wie Carey darlegt, die Massengesellschaft als ein Ganzes, sondern die Insider, die Experten, die Zirkel und Fachleute, die auf den Modewellen, zu denen in früheren Jahrzehnten der gelehrte Walter Lippmann die Stichworte lieferte, mitschwimmen. Sie sind es nämlich, die die öffentliche Meinung formen, ihren Konformismus verstärken und das Vertrauen zu der kleinen, mit dem nötigen Herrschaftswissen ausgestatteten Gruppe von Menschen an den Hebeln der Macht fördern. Insider vertreten besondere Interes-

---

1 John Carey, *Haß auf die Massen. Intellektuelle 1880–1939*, Göttingen 1996.

sen, Intellektuelle indes sollten patriotischem Nationalismus, korporativem Denken, Klassenbewußtsein, rassischen oder geschlechtsspezifischen Privilegien mit Vorbehalt begegnen.

Universalismus ist immer ein Risiko, denn er bedeutet, über die bequemen Gewißheiten hinauszugehen, die wir aus unserer Herkunft, unserer Sprache und unserer Nationalität schöpfen und die uns so oft von der Wirklichkeit der anderen abschirmen. Er bedeutet überdies, einen einzigen Maßstab für menschliches Verhalten anzustreben und zu versuchen, ihn auch dann aufrechtzuerhalten, wenn es um solche Dinge wie Sozial- und Außenpolitik geht. So sollten wir, wenn wir eine nicht provozierte Aggression einer feindlichen Gruppierung verurteilen, zur gleichen Verurteilung imstande sein, wenn die eigene Regierung eine schwächere Partei angreift. Es gibt keine Regeln, die Intellektuellen vorschreiben, was sie zu sagen oder zu tun haben; noch gibt es für den wirklich weltlichen Intellektuellen irgendwelche Götter, auf die er sich berufen oder denen er sich anvertrauen könnte.

Unter diesen Umständen sind die sozialen Aspekte des Themas nicht nur sehr vielfältig, sondern es ist überhaupt sehr schwer, sie abzuhandeln. So kommt es, daß Ernest Gellner uns am Ende seines Essays mit dem Titel »La trahison de la trahison des clercs«, in dem er Bendas unkritischen Platonismus angreift, mit leeren Händen zurückläßt; er ist unklarer als Benda, weniger couragiert als Sartre, den er gleichfalls kritisiert, und sogar noch ein Stück hilfloser als einer, der vorgeben würde, einem kruden Dogma zu folgen. »Ich behaupte, daß die Aufgabe, den Verrat der Intellektuellen nicht zu begehen, weit, weit schwerer ist, als ein allzu vereinfachtes Modell der Arbeitssituation des Intellektuellen uns glauben machen möchte.«[1]

---

1 Ernest Gellner, »La trahison de la trahison des clercs«, in: *The Political Responsibility of Intellectuals*, hg. von Ian Maclean, Alan Monefiore und Peter Winch, Cambridge 1990, S. 27.

Gellners nichtssagende Kautel, vergleichbar der ebenso skurrilen wie verbitterten Attacke Paul Johnsons auf die Intellektuellen in ihrer Gesamtheit – »Ein Dutzend zufällig auf der Straße aufgelesener Leute vertritt mindestens ebenso wahrscheinlich sinnvolle Ansichten über moralische und politische Angelegenheiten wie der Durchschnitt der Intellektuellen«[1] –, führt zu dem Schluß, daß es so etwas wie eine intellektuelle Berufung nicht geben kann, ein Mangel, der ihn offensichtlich nicht weiter stört.

Ich kann mich damit nicht einverstanden erklären, nicht nur weil für diese Berufung des Intellektuellen eine kohärente Beschreibung gegeben werden kann, sondern auch weil die Welt mehr denn je voller Fachleute, Experten, Berater – voller Intellektueller ist, die sich hauptsächlich darin gefallen, mit ihrer Arbeit Autorität vorzuschützen, während sie gleichzeitig den großen Profit machen. Es gibt eine ganze Reihe von konkreten Wahlmöglichkeiten für den Intellektuellen, und ebendiese versuche ich in diesem Essay zu bestimmen. An erster Stelle steht natürlich, daß alle Intellektuellen für ihr Publikum – was auch heißt für sich selbst – etwas repräsentieren. Ganz gleich, ob als Akademiker, als subkultureller Essayist oder als Berater des Verteidigungsministeriums, man handelt entsprechend einer Vorstellung, die man von sich selbst als Handelnder besitzt: es ist ein Unterschied, ob man von sich annimmt, man liefere gegen Bezahlung »objektive« Beratung, oder ob man glaubt, das, was man seinen Studenten lehrt, habe den Wert einer Wahrheit, oder ob man sich für jemanden hält, der eine vielleicht exzentrische, aber doch in sich stimmige Perspektive vertritt.

Wir alle leben in einer Gesellschaft und sind Angehörige einer Nation mit ihrer eigenen Sprache, ihrer Tradition und ihrem geschichtlichen Hintergrund. In welchem Ausmaß un-

---

1   Paul Johnson, *Intellectuals*, London 1988, S. 342.

terstehen Intellektuelle diesen Gegebenheiten, in welchem Ausmaß widerstehen sie ihnen? Dieselbe Frage stellt sich, wo es um das Verhältnis von Intellektuellen zu Institutionen – Universität, Kirche, Berufsverbände – und zu weltlichen Mächten geht, denen die Intelligenz heutzutage in einem ganz außergewöhnlichen Ausmaß zuarbeitet. Somit liegt meines Erachtens die größte Pflicht des Intellektuellen im Streben nach relativer Unabhängigkeit von solchen Zwängen. Daher meine Charakterisierung des Intellektuellen als Exiliertem und Grenzgänger, als Amateur und als Urheber einer Sprache, die der Macht gegenüber die Wahrheit auszusprechen sucht.

Ich möchte dieses Nachwort aber doch dazu nutzen, meine Ausführungen in einen größeren Kontext zu stellen. Als ich die Rolle des Intellektuellen als Außenseiter hervorhob, dachte ich insbesondere daran, wie machtlos man sich oft fühlt angesichts eines überwältigenden Netzes gesellschaftlicher Autoritätsinstanzen – Medien, Regierung, Verbände usw. –, die es nahezu unmöglich machen, irgend etwas zu verändern. Diesen Instanzen absichtlich nicht anzugehören heißt, in vielerlei Hinsicht nicht direkt eingreifen zu können, und manchmal sogar, in die Rolle eines Zeugen gedrängt zu werden, der Zeugnis ablegt für eine nicht wahrgenommene Greueltat. Ein sehr bewegender Artikel von Peter Dailey über den begabten afroamerikanischen Essayisten und Romancier James Baldwin gibt diesen Zustand der Zeugenschaft in all seinem Pathos und seiner zwiespältigen Eloquenz ausgezeichnet wieder.[1]

Dennoch bezweifle ich, ob Figuren wie James Baldwin und Malcolm x die Arbeitsweise definieren können, die meine eigenen Vorstellungen vom Bewußtsein des Intellektuellen am meisten beeinflußt haben. Es ist weit eher ein oppositioneller als ein affirmativer Geist, der mich fesselt, denn die Romantik,

---

[1] Peter Dailey, »Jimmy«, in: *The American Scholar*, Winter 1994, S. 102–110.

das Interessante, die Herausforderung der intellektuellen Existenz liegt im Dissens, in der Abweichung vom Status quo – zumal in einer Zeit, in der man den Kampf zugunsten von unterrepräsentierten und benachteiligten Gruppen meist sehr unfair gegen sie auszulegen pflegt. Mein eigenes Engagement im Zusammenhang mit dem Palästinakonflikt hat dieses Gefühl noch verstärkt. Sowohl im Westen wie in der arabischen Welt vertieft sich die Kluft, die die Wohlhabenden von den Habenichtsen trennt, jeden Tag, und bei manchen Intellektuellen, die sich in Schlüsselpositionen befinden, fördert sie eine selbstgefällige Gedankenlosigkeit zutage, die erschreckend ist. Was könnte nur wenige Jahre, nachdem sie ein solches Aufsehen erregt haben, wohl uninteressanter und abwegiger sein als Fukuyamas These vom »Ende der Geschichte« oder Lyotards Bericht über das »Verschwinden der großen Erzählungen«? Das gleiche gilt für die nüchternen Pragmatiker und Realisten, die lächerliche Fiktionen wie die »Neue Weltordnung« oder den »Crash der Zivilisationen« in die Welt gesetzt haben.

Ich möchte nicht falsch verstanden werden. Intellektuelle sind nicht notwendigerweise humorlose Klageweiber. Nichts wäre verkehrter, denkt man an so berühmte und wortgewaltige Dissidenten wie Noam Chomsky oder Gore Vidal. Wenn man, von der Macht abgeschnitten, von einem unseligen Zustand Zeugnis ablegt, ist das keineswegs eine eintönige Angelegenheit. Es umfaßt, was Foucault einst eine unnachgiebige Gelehrsamkeit nannte, das Überprüfen verschiedenartigster Quellen, das Aufsuchen verschollener Dokumente, das Einfühlen in vergessene (oder fallengelassene) Geschichten. Es schließt einen Sinn für das Dramatische und das Aufrührerische ein, man muß aus den seltenen Gelegenheiten, das Wort ergreifen zu können, eine große Affaire machen, die Aufmerksamkeit des Publikums auf sich ziehen, man muß mit Witz und Sportsgeist den Gegner übertrumpfen. Intellektuellen, die weder Ämter bekleiden noch Claims zu sichern und zu bewachen haben, haftet etwas fundamental Beunruhigendes an; Selbstironie ist daher häufiger als Aufgeblasenheit, Direktheit häufiger als Umwegigkeit. Ich möchte nicht verschweigen, daß eine solche Selbstdarstellung des Intellektuellen ihm höheren Orts weder Freunde macht noch offizielle Ehrungen einbringt. Es ist ein einsamer Zustand, ja, aber es ist doch immer noch ein besserer als die lemurenhafte Toleranz gegenüber dem gewohnten Gang der Dinge.

Ich stehe in einer großen Schuld bei Anne Winder von der BBC und ihrer Assistentin Sarah Ferguson. Als die verantwortliche Produzentin für diese Vorlesungen leitete mich Frau Winder klug und sicher durch die Produktion. Für alle verbliebenen Mängel übernehme selbstverständlich ich die Verantwortung. Francis Coady redigierte das Manuskript mit Takt und Verstand, wofür ich ihr zu großem Dank verpflichtet bin. In New York half mir Shelley Wanger vom Verlag Pantheon freundlich bei der Endredaktion. Auch ihr möchte ich meinen Dank aussprechen. Für ihr Interesse an diesen Vorlesungen und ihr Entgegenkommen, Auszüge daraus zu veröffentlichen, danke ich darüber hinaus meinen lieben Freunden Richard Poirier, Herausgeber der *Raritan Review*, und Jean Stein, Herausgeber von *Grand Street*. In ihrer Substanz leben diese Seiten durch das leuchtende Beispiel zahlreicher hervorragender Intellektueller und guter Freunde, denen es jedoch möglicherweise mißfallen würde, ihre Namen hier in einer Liste aufgereiht vorzufinden, was deswegen unterbleiben soll. Einige Namen tauchen in den Vorlesungen dennoch auf. Ich grüße sie und danke ihnen für ihre Solidarität und ihr Vorbild. Dr. Zaineb Istrabadi half mir in allen Phasen der Vorbereitung dieser Vorlesungen, auch ihr danke ich für ihre kundige Hilfe.

E. W. S.

New York, Februar 1994

Das Kapitel »Führende Nationen – bedrängte Traditionen« wurde auf der Grundlage der Übertragung Anne Middelhoeks unter dem Titel »Nationen, Traditionen und die Stimme der Intellektuellen« in: Neue Rundschau, Heft 4, 1994, übersetzt.

Lizenzausgabe für die Büchergilde Gutenberg
Frankfurt am Main und Wien
mit freundlicher Genehmigung des
Berlin Verlags, Berlin
Die Originalausgabe erschien unter dem Titel
»Representations of the Intellectual«
bei Vintage, Random House in London
© 1994 Edward W. Said
Für die deutsche Ausgabe © 1997 Berlin Verlag
Verlagsbeteiligungsgesellschaft mbH & Co KG, Berlin
Alle Rechte vorbehalten
Reihengestaltung Klaus Detjen, Holm
© Autorenfoto Yto Barrada
Herstellung Margot Mayer-Guderian, Erzhausen
Satz Dörlemann Satz, Lemförde
Druck und Bindung Franz Spiegel Buch, Ulm
Printed in Germany 1998 · ISBN 3 7632 4722 X